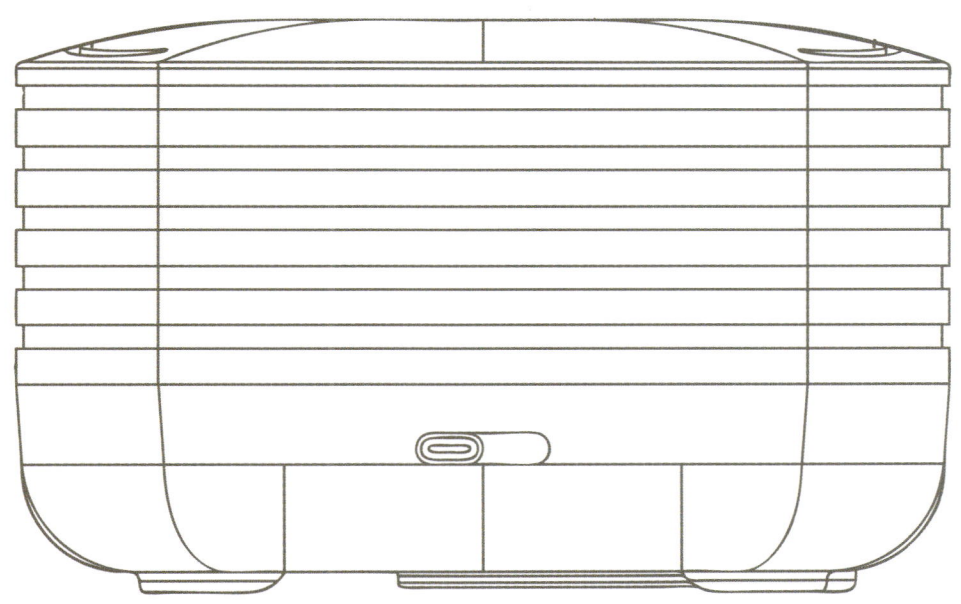

Einfach
Dörren & Trocknen

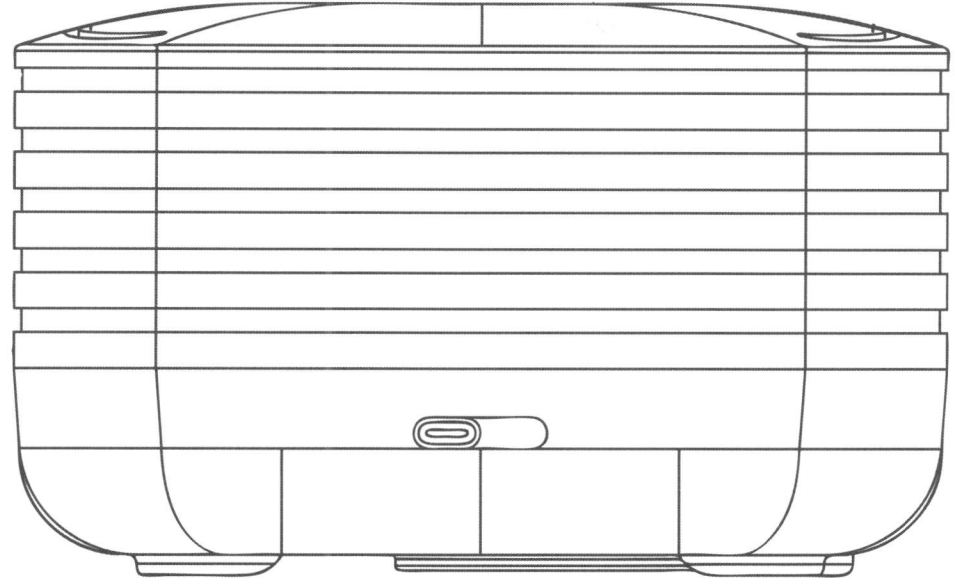

Michelle Keogh

Einfach
Dörren & Trocknen

100 Rezepte mit Obst, Gemüse, Fleisch, Nüssen und mehr

Über die Autorin

Michelle Keogh ist Autorin, Köchin, Rezeptentwicklerin und Food-Stylistin. Sie lebt in Australien und war mehr als 20 Jahre lang als Küchen- und Restaurantchefin sowie in der Menüentwicklung tätig. Seit sieben Jahren entwickelt sie vor allem Rezepte und arbeitet als Food-Stylistin unter anderem für Buch- und Zeitschriftenverlage und in der Werbeindustrie.

Ihre große Leidenschaft gilt allem, was mit Lebensmitteln und Kochen zu tun hat, und sie lernt durch Lesen und Experimentieren ständig dazu.

Michelle Keogh hat einige Kochbücher selbst geschrieben und an Hunderten weiteren mitgearbeitet.

Persönlich schätzt sie eine gesunde Küche mit nachhaltigen Saisonprodukten und experimentiert gern mit neuen Zutaten. Außerdem liebt sie die Kreativität, die beim Dekorieren von Kuchen und bei der Herstellung von Schokolade gefragt ist.

Inhalt

Dörren – gesund und preisgünstig

Die Kunst, Lebensmittel zu dörren, ist schon sehr alt. Früher nutzten die Menschen Sonne und Wind, um Nahrung für den Winter zu konservieren. Heute ist der Dörrautomat eine gesunde, nützliche und zudem sehr vielseitige Ergänzung unserer Küchenausstattung.

Mein eigenes Dörrgerät besitze ich seit fast acht Jahren, und ich benutze es für alles Mögliche: zum Trocknen von Nüssen und Kernen, zur Zubereitung von Snacks und Süßigkeiten sowie zum Trocknen köstlicher Saisonfrüchte, die ich mir somit das ganze Jahr hindurch schmecken lassen kann.

Zu meinen Favoriten gehören Erdbeeren. In der Erntezeit fülle ich meine Vorräte auf. Ich kaufe Erdbeeren gleich körbeweise ein und gebe sie in meinen Dörrapparat. So können wir getrocknete Erdbeeren noch lange nach dem Ende der Saison genießen.

Ich bereite auch gern gesunde Snacks wie Fruchtleder, Cracker und Chips für meine beiden kleinen Söhne zu. Auf diese Weise kann ich die verwendeten Zutaten kontrollieren – ohne Konservierungsmittel sowie ohne künstliche Farb- und Aromastoffe. Meine Jungs essen diese Süßigkeiten lieber als gekaufte, und ich bin froh, weil sie so weniger leere Kalorien zu sich nehmen.

Ein großer Vorteil des Dörrens liegt natürlich auch darin, dass es wesentlich preisgünstiger ist, verglichen mit dem Einkauf von getrockneten Waren und fertigen Snacks im Laden.

Der Hauptgrund, weshalb ich so häufig Lebensmittel dörre, liegt jedoch im gesundheitlichen Nutzen. Der menschliche Körper besteht aus lebenden Zellen, die „lebendige" Nahrung brauchen, um gesund zu bleiben und Krankheiten vorzubeugen. Jeden Tag aufs Neue haben wir die Wahl zwischen „Lebens"mitteln und totgekochtem Essen. Wenn Sie bei Temperaturen unterhalb von 47 °C dörren, bleibt Ihre Nahrung „lebendig", denn die Nährstoffe bleiben erhalten.

In diesem Buch stelle ich Ihnen das Dörren vieler Lebensmittel vor. Dazu gibt es wertvolle Hinweise und köstliche Rezepte. Jedes Kapitel beschäftigt sich mit einem anderen Thema: vom Trocknen einfacher Früchte und Gemüse über die Herstellung von Fruchtleder, schmackhaften Jerkys, dem Dörren von Nüssen und Kernen bis hin zu rohen Gerichten und Desserts und sogar gesunden Leckerchen für Haustiere. Wenn Sie eine Methode gut beherrschen, experimentieren Sie ruhig mit anderen Zutaten und Geschmacksrichtungen weiter. Sie werden feststellen, wenn Sie die Grundlagen erst einmal verstanden haben, ist das Dörren eine sehr einfache Art, Nahrungsmittel zuzubereiten, und verzeiht selbst vermeintliche Fehler.

Karielyn Tillman
www.thehealthyfamilyandhome.com

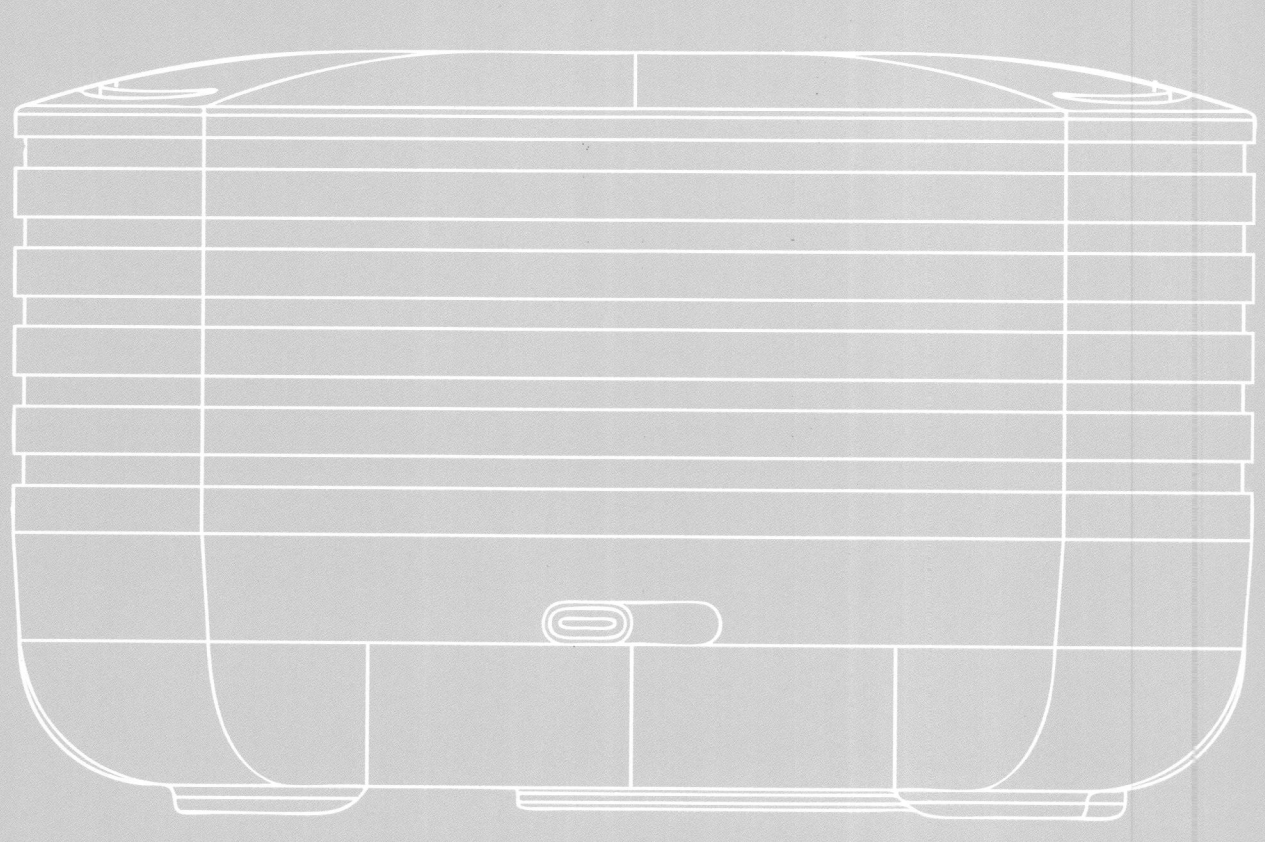

Die Basics

In diesem Kapitel erfahren Sie alles, was Sie übers Dörren wissen müssen, vom Einkauf des richtigen Dörrautomaten bis hin zur Zubereitung und Aufbewahrung von Nahrungs- mitteln. Außerdem gibt es hilfreiche Informationen über Faktoren, die die Trockenzeit beeinflussen können, und über zusätzliche Gerätschaften, die Sie benötigen.

Zaubereien
mit dem Dörrgerät

Dörren ist wirklich ganz einfach. Letztlich tun Sie nichts anderes, als den Lebensmitteln Feuchtigkeit zu entziehen. Früher hätten Sie die Lebensmittel an einem sonnigen, luftigen Platz ausgebreitet und gewartet, bis die Natur ihr Werk getan hätte. Moderne Dörrautomaten entziehen dem Dörrgut die Feuchtigkeit, indem sie thermostatisch kontrollierte Warmluft zirkulieren lassen. Dabei sind die Betriebskosten eines solchen Geräts recht niedrig – auch das macht Dörren zu einer echten Alternative gegenüber dem Einkochen und Einfrieren von Lebensmitteln.

Wie finden Sie einen guten Dörrapparat?

Dörrautomaten sind ganz einfache Maschinen, die sich jedoch in Aussehen und Größe unterscheiden. Manche sind rund mit Heizung und Gebläse im Boden, darüber liegen mehrere Roste und schließlich ganz oben ein Deckel. Andere sind eckig, Wärme und Luftzirkulation kommen vom Rand, die Roste kann man einschieben und herausziehen und vorne ist eine Tür.

Die runden Geräte mit stapelbaren Rosten brauchen in der Regel weniger Platz und sind billiger in der Anschaffung, aber die Roste sind alle gleich hoch, und das Dörrgut muss auf ihre runde Oberfläche passen. Damit eignet sich ein solches Gerät nicht zur Zubereitung von Joghurt, zum Gehenlassen von Brotteig und für alle anderen Verfahren, die eine gewisse Höhe erfordern. Der Vorteil dieser Geräte liegt jedoch darin, dass Sie mehr oder weniger Roste verwenden können, das heißt, die Größe kann flexibel angepasst werden. Der Nachteil ist, dass die Luft nicht so gleichmäßig

zirkuliert und dass Sie die Roste während des Dörrens vielleicht drehen müssen.

Eckige Dörrautomaten mit ausziehbaren Trockenblechen oder Rosten können wesentlich sperriger sein, aber die Bleche sind meist in der Höhe verstellbar, sodass Sie auch größere Stücke dörren und Ihr Dörrgut über eine größere Fläche verteilen können. Solche Geräte werden in verschiedenen Größen angeboten – mit fünf, neun, zehn und mehr Ebenen. Die einmal gewählte Größe ist dann jedoch fix, Sie können also nicht aufstocken wie bei den runden Modellen.

Als Faustregel gilt: Je mehr Geld Sie für Ihren Dörrapparat ausgeben, desto besser und genauer lassen sich Temperatur, Dörrzeit und so weiter kontrollieren.

Einweichzeiten für Nüsse und Kerne

Zutat	Einweichzeit	Trockenzeit
Buchweizen	15 Minuten	8–12 Stunden
Cashew	2–3 Stunden	12–24 Stunden
Chia-Samen	2–3 Stunden	
Haselnüsse	8–10 Stunden	12–24 Stunden
Kürbiskerne	8 Stunden	8–12 Stunden
Leinsamen	2–3 Stunden	8–12 Stunden
Macadamia	Nicht einweichen	
Mandeln	8–12 Stunden	12–24 Stunden
Paranüsse	Nicht einweichen	
Pecannüsse	4–6 Stunden	12–24 Stunden
Pinienkerne	Nicht einweichen	
Pistazien	Nicht einweichen	
Sonnenblumenkerne	2–4 Stunden	8–12 Stunden
Walnüsse	4–6 Stunden	12–24 Stunden

Vorbereitung des Dörrguts

Wenn Sie Zutaten vor dem Dörren in Scheiben schneiden, sollten Sie auf eine einheitliche Dicke der Scheiben achten, damit sie gleichmäßig trocknen können. Am besten nehmen Sie dazu eine Mandoline oder eine Küchenmaschine. Fleisch wird fester und lässt sich leichter schneiden, wenn Sie es kurz anfrieren.

Frische, magere Fleischteile eignen sich zum Dörren am besten. Fettes Fleisch kann zu leicht verderben und ist dann gesundheitsschädlich.

Um „lebendige" Nahrungsmittel zu erhalten, sollten Sie bei einer Temperatur von höchstens 47 °C dörren. Die ersten 2 bis 3 Stunden sollten Sie allerdings die höchstmögliche Dörrtemperatur von 68 °C einstellen und danach auf die gewünschte Temperatur – in der Regel 46 °C – herunterschalten. In den ersten Stunden erreicht das Dörrgut selbst die 47 °C noch nicht, weil die Feuchtigkeit noch zu hoch ist und die Lufttemperatur nur langsam ansteigt. Wenn Sie rohe Lebensmittel auf diese Weise dörren, verringert sich die gesamte Dörrzeit erheblich, außerdem wird so die Gefahr von Bakterienwachstum und möglichem Verderben eingedämmt.

Kräuter und Gewürze erhalten Farbe und Aroma am besten bei niedrigeren Temperaturen zwischen 35 und 46 °C. Vor dem Dörren sollten sie gründlich gewaschen und trockengetupft werden. Die Blätter dabei an den Stängeln belassen, denn sonst werden sie beim Trocknen weggeweht.

Rohe Nüsse und Kerne werden bei Temperaturen zwischen 46 °C und 52 °C gedörrt, entweder pur oder mit Gewürzen. Durch vorheriges Einweichen werden sie möglicherweise leichter verdaulich und können ihr volles Nährstoffpotenzial besser entfalten (siehe Tabelle links). Achten Sie darauf, dass Nüsse und Kerne vollständig durchgetrocknet werden, damit sie nicht schimmeln können.

Gemüse lässt sich am besten bei 52 °C dörren und sollte vorher gründlich gewaschen oder geschält werden. Bei einigen Gemüsesorten, vor allem Wurzelgemüse wie Kartoffeln und Rote Bete, empfiehlt sich vorheriges Dämpfen oder Blanchieren: Dabei wird das Gemüse 3 bis 4 Minuten gekocht oder gedämpft, dann in Eiswasser abgekühlt, in Scheiben geschnitten und wie gewohnt gedörrt.

Für Obst sollte die Temperatur etwas höher sein als bei Gemüse – in der Regel 57 °C –, ansonsten sollte es in gleicher Weise vorbereitet werden. Einige Früchte mit zäheren Schalen – wie etwa Weintrauben, Preiselbeeren und Pflaumen – können 1 bis 2 Minuten blanchiert werden, um die Schale „anzuknacken". Das lässt die Feuchtigkeit beim Dörren schneller entweichen.

Fruchtleder und Fruchtröllchen können bei gleicher Temperatur gedörrt werden wie ganze Früchte. Obst muss vor dem Pürieren nicht zwingend gekocht werden, und wenn Sie die Schale dranlassen, enthalten sie mehr Ballast- und Nährstoffe. Bei sehr wasserreichen Früchten wie Beeren und Ananas lässt sich das Püree gut mit einer oder zwei Bananen andicken, dadurch wird auch das Früchtebrot dicker und kaufreundlicher. Auch Joghurt können Sie dazugeben, oder Sie dörren Joghurt einfach so, um eine toffeeartige Süßigkeit herzustellen. Ebenso eignen sich verschiedene Arten von Nussbutter, Kokosflocken oder gehackte Nüsse, um ein Fruchtpüree geschmacklich zu variieren. Auch aus gedämpftem und püriertem Gemüse lassen sich gute Mischungen erzeugen – für Snacks und auch als Grundlagen für Suppen, Eintöpfe oder Soßen. Gemüsepürees sollten bei 52 °C getrocknet werden.

Für Jerkys verwenden Sie dünne Scheiben frischen, mageren Fleischs. Die ideale Temperatur zum Dörren von Fleisch – um Verderben und Gesundheitsschäden zu vermeiden – ist 52 °C. Sie können jede Art von Fleisch verwenden: Rind, Schwein, Wild, Geflügel oder Fisch. Vor allem Geflügel und Fisch sollten aber wirklich sehr frisch sein, damit sie nicht verderben, noch bevor sie ganz durchgetrocknet sind. Bei besonders fetthaltigem Fisch ist Vorsicht geboten, weil gerade das Fett sehr schnell ranzig werden kann.

Fleisch hält sich besser, wenn es vor dem Dörren mariniert oder gesalzen wird. Trockene Marinaden bestehen in der Regel aus Salz und Gewürzen, die gleichmäßig auf dem Fleisch verteilt werden, das dann 6 bis 12 Stunden im Kühlschrank ziehen sollte. Laken und flüssige Marinaden verbinden Salz und Gewürze mit Wasser. Das Fleisch wird darin eingelegt und für 6 bis 12 Stunden oder über Nacht im Kühlschrank gelagert. Richtig durchgetrocknete Jerkys sollten knacken, aber nicht brechen, wenn man sie biegt.

Die Wahl der richtigen Dörrtemperatur ist sehr wichtig. Ist die Temperatur zu hoch, wird das Dörrgut

Tipp

Damit in Scheiben geschnittene Früchte wie Äpfel und Birnen nicht oxidieren und braun werden, tauchen Sie sie vor dem Dörren in eine der folgenden Lösungen:

Zitronensäure/Ascorbinsäure: 2 Esslöffel Zitronensäure auf 1 Liter Wasser. Die Früchte 2 Minuten einlegen, danach abspülen und trockentupfen.

Fruchtsaft: ¼ Liter Saft auf 1 Liter Wasser. Die Früchte 10 Minuten einlegen, danach abspülen und trockentupfen. Zitrussäfte geben eine zusätzliche Geschmacksnote.

Honig-Dip: ¼ Liter Honig in 700 ml warmem Wasser auflösen, die Früchte kurz hineingeben und vor dem Dörren gut trockentupfen. Honig erhöht die Süße und sollte daher vornehmlich für herbe Früchte wie Rhabarber oder Cranberrys verwendet werden.

zwar außen steinhart, ist aber innen noch zu feucht. Ist die Temperatur zu niedrig, dauert das Durchtrocknen zu lange, sodass mehr Strom verbraucht wird und das Dörrgut leichter verderben kann.

Welche Faktoren beeinflussen die Dörrzeit?

Die Dörrzeit kann variieren und wird durch die folgenden Faktoren beeinflusst:

- **Luftfeuchtigkeit:** Je höher die Luftfeuchtigkeit, desto länger ist die Dörrzeit, unabhängig von der Lufttemperatur.
- **Eigenfeuchtigkeit und Zuckergehalt:** Der Wassergehalt des Dörrguts beeinflusst die Dörrzeit besonders stark, ebenso auch der Zuckergehalt, weil Zucker Wasser anzieht. Der Wassergehalt von Obst und Gemüse kann je nach Reifegrad, Wetter und anderen Umweltbedingungen variieren.
- **Art der Zubereitung:** Gleichmäßig und nicht zu dick geschnittenes Dörrgut ist eine gute Voraussetzung, damit es einheitlich und schnell trocknen kann. Vorheriges Blanchieren oder Dämpfen reduziert die Dörrzeit ebenfalls.
- **Art des Dörrgeräts:** Dörrautomaten mit Seitenheizung und -ventilator arbeiten in der Regel schneller als Geräte, die die Wärme und Luftzirkulation von oben oder unten steuern. Auch wenn die Roste während der Dörrzeit gedreht werden, kann das viel ausmachen.
- **Dörrmenge:** Wenn Sie die Roste überladen, kann die Luft nicht richtig zirkulieren und das Dörrgut nicht gründlich trocknen. Je mehr Dörrgut sich in Ihrem Gerät befindet, desto länger dauert das Dörren.

Die Dörrzeiten in den Rezepten dieses Buchs geben grobe Anhaltspunkte. Überprüfen Sie das Dörrgut alle paar Stunden und nehmen Sie es aus dem Gerät, wenn der gewünschte Trockengrad erreicht ist. Falls Sie nicht sicher sind, ob Ihr Dörrgut schon trocken genug ist, geben Sie es in einen luftdichten Plastikbeutel und warten Sie ein paar Minuten: Bilden sich im Beutel Wassertropfen, ist das Dörrgut noch nicht trocken genug. Mit einiger Erfahrung werden Sie bald ganz genau wissen, wann der richtige Trockengrad erreicht ist. Bis dahin sollten Sie, wenn Sie unsicher sind, lieber etwas länger trocknen. Das schadet auf keinen Fall.

Lagerung

Durchgetrocknete Lebensmittel mit niedrigem Fettgehalt sollten in luftdichten Behältern oder Plastikbeuteln an einem trockenen, kühlen und dunklen Ort gelagert werden. Gut eignen sich Gläser mit dicht schließendem Deckel, Zip-Beutel, fest verschließbare Vakuumbeutel oder luftdichte Plastikbehälter. In Beuteln verpacktes Trockengut lässt sich dann in Blechdosen, wie etwa Keksdosen, deponieren.

Halbtrockene Lebensmittel oder Dörrgut mit hohem Fettgehalt – wie Nüsse, Brot, Tomaten und einige Desserts – sollten in luftdichten Behältern im Kühl- oder Gefrierschrank aufbewahrt werden. Fett und Feuchtigkeit begünstigen, dass Lebensmittel leichter verderben oder ranzig werden.

Wenn sich in einem Behälter Schwitzwasser bildet, ist das Dörrgut nicht genug getrocknet und muss noch weiter gedörrt werden.

Kräuter und Gewürze sollten Sie dunkel lagern, damit Farbe und Aroma sich nicht verflüchtigen.

Wie werden gedörrte Lebensmittel verwendet?

Gedörrte Lebensmittel können Sie in Ihrem Alltag ohne Weiteres verwenden: als Trockenfrüchte-Snacks, als Gemüsecracker oder als Rohkost. Vielleicht möchten Sie die gedörrten Lebensmittel aber auch wieder in

ihren ursprünglichen Zustand versetzen? Das ist leicht möglich, denn durch Zugabe von Flüssigkeit erreichen sie fast wieder ihre vorherige Größe und Konsistenz. Flüssigkeit können Sie auf verschiedene Weise zugeben: durch Einweichen in Wasser oder Saft sowie durch Dämpfen, Überbrühen oder Kochen. Dabei sollten Sie in den ersten 5 Minuten allerdings nichts anderes mit dazugeben, also kein Salz, keinen Zucker und keine Gewürze, denn solche Zusätze könnten die Flüssigkeitsaufnahme verhindern.

- **Einweichen:** Geben Sie das Dörrgut in ein flaches Gefäß, bedecken Sie es mit Wasser und lassen Sie es 1 bis 2 Stunden einweichen. Wenn Sie es über Nacht einweichen, geben Sie es in den Kühlschrank.
- **Dämpfen:** Geben Sie das Dörrgut in einen Dämpfaufsatz oder einen elektrischen Dämpfer und lassen Sie es so lange dämpfen, bis es genug Feuchtigkeit aufgenommen hat.
- **Überbrühen:** Bei Obst und Gemüse geben Sie eine Tasse Dörrgut in ¼ Liter kochendes Wasser und lassen Sie es 5 bis 20 Minuten einweichen. Sie können das Dörrgut auch leise köcheln lassen, bis es weich ist.
- **Kochen:** Dörrgut können Sie direkt in Ihre Gerichte geben, und zwar im Verhältnis 1:1 von Dörrgut und Wasser. Lassen Sie es 1 bis 15 Minuten mitkochen.

Nützliches Zubehör

- **Mandoline:** Ein wunderbares Gerät und sehr nützlich, um Lebensmittel in gleichmäßige Scheiben oder Stifte zu schneiden. Die meisten Geräte haben mindestens zwei Einstellungen, sodass Sie die passende Dicke wählen können. Mandolinen eignen sich auch gut für Lebensmittel, die von Hand schwer zu schneiden sind wie hartes Obst, Wurzelgemüse oder Aubergine, Kürbis und Zucchini.

Was Ihr Dörrapparat sonst noch kann!

Weich und schal gewordene Lebensmittel wie Cracker, Chips, Kekse oder Cerealien werden im Dörrgerät wieder knusprig und knackig.

Bei der Zubereitung von Käse, Brot, Joghurt und anderen fermentierten Lebensmitteln schafft der Dörrautomat eine Umgebung mit gleichbleibender Temperatur.

Reste von Brühe oder Suppe lassen sich zur leichteren Aufbewahrung trocknen. Vor dem Dörren einkochen, bis die Flüssigkeit dick und zäh ist.

Paniermehl können Sie herstellen, indem Sie altbackenes Brot trocknen und anschließend in der Küchenmaschine oder im Mixer mahlen.

Deko-Gegenstände aus Zimt oder Salzteig trocknen im Dörrapparat gut aus, ohne zu verbrennen.

- **Küchenmaschine:** Eine Küchenmaschine brauchen Sie auf jeden Fall, wenn Sie Nüsse mahlen, Fruchtpürees herstellen oder Kräuter, Gewürze und Gemüse pulverisieren wollen. Viele Geräte haben auch nützliche Einsätze zum Reiben und Raspeln.
- **Mixer:** Ein guter Mixer kann wie eine Küchenmaschine benutzt werden, hat in der Regel aber keine Möglichkeit zum Reiben und Raspeln.
- **Brotschneidemaschine:** Eine elektrische Brotschneidemaschine kann praktisch sein, wenn größere Mengen in Scheiben geschnitten werden sollen, z.B. für Jerkys oder Gemüsechips.
- **Sparschäler:** Ein Gemüseschäler wird benötigt, um die Schale von Obst und Gemüse zu entfernen. Nützlich ist er auch zum Schneiden dünner Scheiben oder zum Zestenreißen.
- **Spatel:** Ein Spatel oder Palettenmesser ist das perfekte Werkzeug, um feuchte Mischungen vor dem Dörren zu verstreichen, z.B. Fruchtpürees, rohe Cracker oder Teig.

- **Messer:** Scharfe Messer von guter Qualität werden gebraucht, um das Dörrgut vorzubereiten. Mit etwas Übung erzielen Sie damit eine gleichmäßige Dicke.
- **Eisportionierer:** Ein Portionslöffel für Eiscreme ist ein wunderbares Küchenwerkzeug. Damit lassen sich Kekse und andere Happen perfekt portionieren. Einfach die Mischung auflöffeln, fest in den Portionierer drücken und auf den Rost des Dörrapparats geben.
- **Kirschenentsteiner:** Sie brauchen ihn nicht unbedingt, aber er ist praktisch, wenn Sie größere Mengen Kirschen dörren wollen.
- **Zestenreißer:** Auch er ist nicht unbedingt nötig, aber doch recht nützlich, wenn Sie größere Mengen Zitrusschale dörren wollen.

Wichtige Geräte für das Dörren: Küchenmaschine, Mandoline, Zestenreißer, scharfes Messer, Palettenmesser, Eisportionierer, Kernhausausstecher und Sparschäler.

Dörren im Backofen?

Dörrautomaten sind deshalb so beliebt, weil sie viel weniger Energie verbrauchen als ein Backofen und dabei gleichmäßigere Ergebnisse liefern. Für viele Rezepte in diesem Buch können Sie aber auch einen Backofen verwenden und mit der Dörrzeit experimentieren, die möglicherweise stark von den Angaben abweichen wird. Bereiten Sie das Dörrgut genauso vor wie für ein Dörrgerät, stellen Sie die Backofentemperatur auf 60 °C ein, und lassen Sie die Backofentür leicht geöffnet, damit die Feuchtigkeit entweichen kann. Drehen Sie die Backbleche gelegentlich, damit das Dörrgut gleichmäßig trocknet.

Obst

Dieses Kapitel enthält schnelle und einfache Rezepte
für Anfänger, aber auch verführerische Ideen für Fortgeschrittene, wie etwa die doppelt gedörrten Kokos-
Vanille-Bananen: Dörrbananen, die in Kokosmilch eingeweicht und anschließend ein zweites Mal gedörrt
werden. Obst trocknet am besten bei 57 °C. Wer als Endprodukt jedoch lieber Früchte möchte, die im Prinzip
noch roh sind, sollte sie bei maximal 46 °C und dafür
länger dörren.

- ergibt 4–8 Portionen
- **Vorbereitungszeit:** 10–15 Min.
- **Dörrzeit:** 7–15 Std.

Zimt-Apfel-Ringe

Zutaten:

- *4 mittelgroße Äpfel*
- *Zimtzucker nach Belieben*

Wenn Sie Sorge haben, die Äpfel könnten braun werden, tauchen Sie sie gleich nach dem Schneiden in eine Mischung aus ½ Liter Wasser und 2 Esslöffeln Zitronensaft.

Zubereitung:

1. Die Äpfel waschen und mit einem Kernausstecher das Kernhaus entfernen.

2. Mit einer Mandoline in 5 mm dicke Scheiben schneiden.

3. Die Scheiben auf die Roste geben – nicht zu dicht, damit die Luft gut zirkulieren kann.

4. Leicht mit Zimtzucker bestreuen.

5. 7 bis 15 Stunden bei 57 °C dörren und dabei die Roste ein paar Mal drehen, bis die Apfelscheiben trocken und biegsam sind.

6. In einem luftdichten Behälter bei Zimmertemperatur aufbewahren.

<table>
<tr><td>△</td><td>**Portionen:** variabel</td></tr>
<tr><td>🕐</td><td>**Vorbereitungszeit:** Je nach Menge</td></tr>
<tr><td>〰</td><td>**Dörrzeit:** 20–28 Std.</td></tr>
</table>

Pflaumen

Zutaten:

- *Pflaumen in für ihren Dörrautomat passender Menge*

Je nach Saison lassen sich so die unterschiedlichsten Pflaumen verarbeiten. Nehmen Sie reife Früchte; kleine Druckstellen stören nicht. Trockenpflaumen sind ein köstlicher Snack und eingeweicht in aromatisiertem Tee ergeben sie eine feine Süßigkeit.

Zubereitung:

1. Die Früchte längs aufschneiden und die beiden Hälften gegeneinander drehen, um sie vom Stein zu trennen. Den Stein entfernen.

2. Die Hälften mit der Schnittfläche nach oben auf die Roste legen – nicht zu dicht, damit die Luft gut zirkulieren kann.

3. 20 bis 28 Stunden bei 57 °C dörren und dabei die Roste ein paar Mal drehen, bis sich die Pflaumen lederartig anfühlen.

4. In einem luftdichten Behälter bei Zimmertemperatur aufbewahren.

<table>
<tr><td>△</td><td>**Portionen:** variabel</td></tr>
<tr><td>🕐</td><td>**Vorbereitungszeit:** Je nach Menge</td></tr>
<tr><td>〰</td><td>**Dörrzeit:** 20–28 Std.</td></tr>
</table>

Weintrauben (Rosinen)

Zutaten:

- *Weintrauben in für ihren Dörrautomat passender Menge*

Geeignet ist jede beliebige Traubensorte. Leichter zu essen sind natürlich kernlose Trauben, und auf einer Käseplatte machen sich hervorragend Muskatellertrauben in kleinen Rispen.

Zubereitung:

1. Die Trauben waschen und vom Stängel zupfen – außer wenn sie als Rispe getrocknet werden sollen.

2. Die Trauben auf die Roste geben – nicht zu dicht, damit die Luft gut zirkulieren kann.

3. 20 bis 28 Stunden bei 57 °C dörren und die Roste dabei ein paar Mal drehen. Die fertigen Rosinen sollten trocken und biegsam sein.

4. In einem luftdichten Behälter bei Zimmertemperatur aufbewahren.

- **Portionen:** variabel
- **Vorbereitungszeit:** Je nach Menge
- **Dörrzeit:** 12–20 Std.

- **Portionen:** variabel
- **Vorbereitungszeit:** Je nach Menge
- **Dörrzeit:** 8–14 Std.

Kirschen

Zutaten:

- *Kirschen in für ihren Dörrautomat passender Menge*

Die Kirschenzeit ist nur sehr kurz, und so ist Dörren eine hervorragende Möglichkeit, um diese Früchte das ganze Jahr über zu genießen. Verwendet werden sie genauso wie Rosinen und geben damit vielen Rezepten einen besonderen Geschmack.

Zubereitung:

1. Die Kirschen waschen, Stängel entfernen und entsteinen.

2. Die entsteinten Kirschen auf die Roste geben – nicht zu dicht, damit die Luft gut zirkulieren kann.

3. 12 bis 20 Stunden bei 57 °C dörren und dabei die Roste ein paar Mal drehen. Die Kirschen sind fertig getrocknet, wenn sie sich klebrig und lederartig anfühlen.

4. In einem luftdichten Behälter bei Zimmertemperatur aufbewahren.

Mango

Zutaten:

- *Mangos in für ihren Dörrautomat passender Menge*

Mangos behalten beim Trocknen ihre schöne Farbe, und der Geschmack wird noch intensiver. Süß, kaufreundlich und köstlich, sind sie ein fantastischer Snack, außerdem sorgen sie auch als Zutat in manchen süßen wie herzhaften Gerichten für ganz viel Geschmack und Farbe.

Zubereitung:

1. Die Früchte waschen und die zwei Wangen dicht am Kern abschneiden. Dann die Wangenstücke mit einem scharfen Messer schälen.

2. Die Wangen in 5 mm dicke längliche Scheiben schneiden und auf die Roste geben – nicht zu dicht, damit die Luft gut zirkulieren kann.

3. 8 bis 14 Stunden bei 57 °C dörren und dabei die Roste ein paar Mal drehen. Die Mangos sind fertig getrocknet, wenn sie sich lederartig anfühlen.

4. In einem luftdichten Behälter bei Zimmertemperatur aufbewahren.

Rhabarber in Ahornsirup

⏷ ergibt 4–8 Portionen

🕐 **Vorbereitungszeit:** 15–20 Min.

〰 **Dörrzeit:** 8–12 Std.

Zutaten:

- 1 Bund Rhabarber (5–6 Stangen), ohne Blätter
- 60 ml Ahornsirup

Diese feine süß-saure Nascherei schmeckt hervorragend in Studentenfutter oder im Salat. Werfen Sie auf jeden Fall die giftigen Blätter weg und achten Sie darauf, dass Kinder und Haustiere sie nicht verzehren.

Zubereitung:

1. Rhabarber waschen und in ca. 2,5 cm lange Stücke schneiden.

2. Die Rhabarberstücke in eine mittelgroße Schüssel geben, den Ahornsirup darübergießen und alles gut vermengen, bis alle Rhabarberstücke gleichmäßig mit Sirup bedeckt sind.

3. Die Roste mit Pergament- oder Backpapier belegen und die Rhabarberstücke darauf verteilen – nicht zu dicht, damit die Luft gut zirkulieren kann.

4. Den restlichen Sirup aus der Schüssel darüberträufeln.

5. 8 bis 12 Stunden bei 57 °C dörren und dabei die Roste ein paar Mal drehen, bis sich die Rhabarberstücke klebrig und lederartig anfühlen.

6. In einem luftdichten Behälter bei Zimmertemperatur aufbewahren.

Ananas

Zutaten:

- *Ananas in für ihren Dörrautomat passender Menge*

Eine Variante zu diesem Rezept: Wenn Sie die geschälte Ananas ganz dünn schneiden und den Strunk mit dranlassen, eignen sich die getrockneten Scheiben hervorragend als essbare Dekoration auf Kuchen und Desserts, denn sie sehen aus wie gelbe Blüten.

Zubereitung:

1. Die Ananas schälen und den Strunk entfernen. Die holzigen Augen mit einem scharfen Messer wegschneiden.

2. Die Ananas in 1 cm dicke Ringe schneiden und auf die Roste geben – nicht zu dicht, damit die Luft gut zirkulieren kann.

3. 12 bis 20 Stunden bei 57 °C dörren und dabei die Roste ein paar Mal drehen. Die fertig gedörrten Ananasringe sollten trocken und biegsam sein.

4. In einem luftdichten Behälter bei Zimmertemperatur aufbewahren.

Kiwi

Zutaten:

- *Kiwis in für ihren Dörrautomat passender Menge*

Wenn Sie Kiwis dörren, können Sie diese köstlichen Früchte das ganze Jahr hindurch verwenden. Sie werden herb und kaufreundlich und sind eine prima Ergänzung zu Trockenfrüchtemischungen, Müslis und Desserts.

Zubereitung:

1. Die Kiwis mit einem scharfen Messer schälen und in 5 mm dicke Scheiben schneiden.

2. Die Scheiben auf die Roste geben – nicht zu dicht, damit die Luft gut zirkulieren kann.

3. 8 bis 14 Stunden bei 57 °C dörren und dabei die Roste ein paar Mal drehen, bis sich die Kiwischeiben ederartig anfühlen.

4. In einem luftdichten Behälter bei Zimmertemperatur aufbewahren.

Aprikosen mit Amaretto

△ **ergibt** 20–24 Hälften

🕐 **Vorbereitungszeit:** 75 Min.

♨ **Dörrzeit:** 20–28 Std.

Aprikosen sind ausgesprochene Saisonfrüchte. Nehmen Sie reife, süße Früchte, kleine Druckstellen schaden nicht. In diesem Rezept werden die Aprikosen in Amaretto eingeweicht, um eine ganz besondere Gaumenfreude zu erhalten, aber sie schmecken auch sehr gut einfach so als Dörrfrüchte.

Zutaten:

- *450 g Aprikosen*
- *2 EL Zucker*
- *60 ml Amaretto*

Zubereitung:

1. Die Aprikosen an ihrer senkrechten Einkerbung aufschneiden. Die Hälften gegeneinander drehen, um sie vom Stein zu befreien. Den Stein entsorgen.

2. Die Aprikosen mit der Schnittfläche nach oben in eine große Schüssel geben, mit Zucker bestreuen und den Amaretto darübergießen. Eine Stunde ziehen lassen, dabei gelegentlich schwenken.

3. Die Roste mit Backpapier belegen und die Aprikosenhälften mit der Schnittfläche nach oben auf die Roste legen – nicht zu dicht, damit die Luft gut zirkulieren kann.

4. Die in der Schüssel verbliebene Amarettomischung darüberträufeln.

5. 20 bis 28 Stunden bei 57 °C dörren und dabei die Roste ein paar Mal drehen. Die fertig gedörrten Aprikosen sollten sich klebrig und lederartig anfühlen.

6. In einem luftdichten Behälter bei Zimmertemperatur aufbewahren.

- **ergibt** 4 Portionen
- **Vorbereitungszeit:** 15–20 Min.
- **Dörrzeit:** 20–28 Std.

Zutaten:

- *1 kleine kernlose Wassermelone*
- *4 Bio-Limetten*

Wassermelonenchips mit Limette

Wassermelonenchips sind ein pfiffiger süßer Snack. Die verwendete Wassermelone sollte so reif wie möglich sein. Leichter und angenehmer zu essen sind kernlose Melonen.

Zubereitung:

1. Die Frucht vierteln, dann mit einem scharfen Messer die Schale entfernen. Die Viertel in 1 cm dicke Scheiben schneiden und in eine Schüssel geben.

2. Schale und Saft der Limetten über die Melonenscheiben geben. Die Schüssel ein wenig schwenken, damit sich der Saft gut verteilen kann.

3. Die Wassermelonenscheiben auf die Roste legen – nicht zu dicht, damit die Luft gut zirkulieren kann.

4. 20 bis 28 Stunden bei 57 °C dörren und dabei die Roste ein paar Mal drehen. Die fertigen Melonenchips sollten trocken und biegsam sein.

5. In einem luftdichten Behälter bei Zimmertemperatur aufbewahren.

Doppelt gedörrte Kokos-Vanille-Bananen

ergibt 4 Portionen

Vorbereitungszeit: 1 Stunde

Dörrzeit: 12–20 Std.

Diese doppelt gedörrten Bananen schmecken wie cremiger Kokoskaramell – köstlich! Aber Vorsicht, wenn Sie mit den eingeweichten Bananen hantieren! Sie sind dann etwas empfindlich.

Zutaten:

- 4 große, reife Bananen
- 240 ml Kokosmilch
- 2 TL Vanilleextrakt

Zubereitung:

1. Die Früchte schälen und in 5 mm dicke Scheiben schneiden.

2. Die Scheiben auf die Roste geben – nicht zu dicht, damit die Luft gut zirkulieren kann.

3. 4 bis 8 Stunden bei 57 °C dörren und dabei die Roste ein paar Mal drehen.

4. Wenn sich die Bananenscheiben trocken und lederartig anfühlen, aus dem Dörrgerät nehmen.

5. Kokosmilch mit Vanilleextrakt in einem mittelgroßen Kochtopf bei mittlerer Hitze zum Köcheln bringen.

6. Die Kokosmilch vom Herd nehmen und die getrockneten Bananenscheiben hineingeben. Vorsichtig umrühren, sodass die Bananenscheiben gleichmäßig mit Kokosmilch bedeckt sind.

7. Die Bananen etwa 30 Minuten in der Kokosmilch weich werden lassen.

8. Die eingeweichten Bananenscheiben vorsichtig wieder auf die Roste geben – nicht zu dicht, damit die Luft gut zirkulieren kann. Die übrig gebliebene Kokosmilch entsorgen.

9. Weitere 8 bis 12 Stunden bei 57 °C dörren und dabei die Roste ein paar Mal drehen. Die Bananenscheiben sollen sich am Ende wieder trocken und lederartig anfühlen.

10. In einem luftdichten Behälter im Kühlschrank aufbewahren.

Doppelt gedörrte Balsam-Erdbeeren

Zutaten:

- 450 g Erdbeeren
- 120 ml Balsamessig
- 120 ml Wasser
- 50 g brauner Zucker

Balsamessig und Erdbeeren sind eine himmlische Kombination. Achten Sie darauf, dass die Erdbeeren richtig reif sind, ein paar kleine Druckstellen schaden nicht. Doppelt gedörrte Balsam-Erdbeeren schmecken großartig in Desserts, im Salat und zu Käse.

Zubereitung:

1. Die Erdbeeren waschen und den Stielansatz mit einem scharfen Messer entfernen.

2. Die Früchte längs halbieren.

3. Die Hälften auf die Roste geben – nicht zu dicht, damit die Luft gut zirkulieren kann.

4. 8 bis 14 Stunden bei 57 °C dörren und dabei die Roste ein paar Mal drehen.

5. Wenn sich die Erdbeeren trocken und lederartig anfühlen, aus dem Dörrgerät nehmen.

6. Balsamessig, Wasser und Zucker in einen mittelgroßen Kochtopf geben, bei mittlerer Hitze zum Kochen bringen und umrühren, bis sich der Zucker aufgelöst hat.

7. Die Mischung vom Herd nehmen und die getrockneten Erdbeeren hineingeben.

8. Rund 3 Stunden marinieren lassen, bis die Erdbeeren wieder weich sind.

9. Die Erdbeeren vorsichtig wieder auf die Roste geben – nicht zu dicht, damit die Luft gut zirkulieren kann. Die übrig gebliebene Balsamessigmischung entsorgen.

10. Weitere 8 bis 12 Stunden bei 57 °C dörren und dabei die Roste ein paar Mal drehen. Die Erdbeeren sollen sich am Ende klebrig und lederartig anfühlen.

11. In einem luftdichten Behälter im Kühlschrank aufbewahren.

Gemüse

Dieses Kapitel enthält herzhafte Snacks und Rezepte, mit deren Hilfe Sie Ihre Ernte monate-, wenn nicht gar jahrelang aufbewahren können. Gemüse trocknet am besten bei 57 °C. Wer als Endprodukt lieber Gemüse möchte, das im Prinzip noch roh ist, sollte es bei maximal 46 °C und dafür länger dörren.

Portionen: variabel

 Vorbereitungszeit: Je nach Menge

Dörrzeit: 6–8 Std.

Radieschen

Zutaten:

- *Radieschen in für ihren Dörrautomat passender Menge*

Knackig getrocknete Radieschen können Sie als leckeren Snack verzehren oder sie über Ihren Salat bröseln. Gemahlen verleihen sie Dips und Soßen einen gewissen Pep.

Zubereitung:

1. Die Radieschen waschen, putzen und in 5 mm dicke Scheiben schneiden.

2. Die Scheiben auf die Roste geben – nicht zu dicht, damit die Luft gut zirkulieren kann.

3. 6 bis 8 Stunden bei 52 °C dörren und dabei die Roste ein paar Mal drehen. Die fertig gedörrten Radieschenscheiben sollten schön knusprig sein.

4. In einem luftdichten Behälter bei Zimmertemperatur aufbewahren.

Portionen: variabel

Vorbereitungszeit: Je nach Menge

Dörrzeit: 10–18 Std.

Tomaten

Zutaten:

- *Tomaten in für ihren Dörrautomat passender Menge*

Wenn Tomaten vor dem Dörren mit Kräutern und Salz bestreut werden, schmecken sie noch intensiver. Halbtrockene Tomaten sollten Sie aus dem Dörrgerät nehmen, sobald sie sich trocken, aber trotzdem noch ziemlich weich anfühlen. Bewahren Sie sie am besten in Olivenöl eingelegt im Kühlschrank auf.

Zubereitung:

1. Die Tomaten waschen, den Stielansatz entfernen und die Früchte dann in 1 cm dicke Scheiben oder Spalten schneiden.

2. Die Tomatenscheiben auf die Roste geben – nicht zu dicht, damit die Luft gut zirkulieren kann.

3. 10 bis 18 Stunden bei 52 °C dörren und dabei die Roste ein paar Mal drehen, bis die Tomatenscheiben trocken und biegsam sind.

4. In einem luftdichten Behälter bei Zimmertemperatur aufbewahren.

Grünkohlchips

- △ **ergibt** 2–4 Portionen
- 🕐 **Vorbereitungszeit:** 15–20 Min.
- 〰 **Dörrzeit:** 3–7 Std.

Zutaten:

- 1 großer Bund Grünkohl
- 2 EL Hefeextrakt
- 2 EL Apfelessig
- 4 EL Olivenöl
- 1 TL Zwiebel-Knoblauch-Pulver (siehe Rezept S. 117)
- ½ TL Salz

Dieser köstliche, knusprige und zudem gesunde Snack ermöglicht schier endlose Geschmackskombinationen. So können Sie etwa Chili oder fein geriebenen Parmesan darüberstreuen. Grünkohlchips sollten innerhalb einer Woche nach der Herstellung verzehrt werden, da sie sonst weich werden.

Zubereitung:

1. Grünkohl gut waschen und die Blätter nach Entfernen der Stängel in etwa 5 cm große Stücke reißen. In eine große Schüssel geben.

2. In einer kleineren Schüssel Hefeextrakt, Apfelessig, Olivenöl und Gewürze mischen. Diesen Mix über den Grünkohl geben und unter die Blätter mengen, bis sie alle gut bedeckt sind.

3. Den Kohl in einer Schicht auf die Roste geben – nicht zu dicht, damit die Luft gut zirkulieren kann.

4. 3 bis 7 Stunden bei 52 °C dörren und dabei die Roste ein paar Mal drehen, bis die Grünkohlchips knusprig sind.

5. In einem luftdichten Behälter bei Zimmertemperatur aufbewahren.

Tamari-Karotten

⏶ **ergibt** 4 Portionen

🕐 **Vorbereitungszeit:** 15–20 Min.

〰 **Dörrzeit:** 6–10 Std.

Dieser köstliche Snack mit kräftiger Farbe ist immer ein Hit. Mit ein bisschen Chili oder Cayennepfeffer lässt er sich noch zusätzlich auf-peppen.

Zutaten:

- *8 mittelgroße Karotten*
- *4 EL Tamari-Soße*
- *2 EL flüssiges Kokosöl*
- *2 EL fein gehackte Petersilie*

Zubereitung:

1. Karotten schälen, die Enden abschneiden und mit einer Mandoline in 3 mm dicke Scheiben schneiden.

2. Mit den übrigen Zutaten in eine große Schüssel geben und alles mit den Händen gut vermischen, sodass die Karotten gleichmäßig mit Öl und Gewürzen überzogen sind.

3. Die Karottenscheiben auf die Roste geben – nicht zu dicht, damit die Luft gut zirkulieren kann.

4. 6 bis 10 Stunden bei 52 °C dörren und dabei die Roste ein paar Mal drehen, bis die Karottenscheiben schön knusprig sind.

5. In einem luftdichten Behälter bei Zimmertemperatur aufbewahren.

Jalapeños

Zutaten:

- *Jalapeños in für ihren Dörrautomat passender Menge*

Wenn Sie übrig gebliebene Jalapeños oder andere Chilischoten dörren, können Sie sie wunderbar aufbewahren und vielfältig nutzen. Gehackt oder gemörsert lassen sie sich prima in Ihren Lieblingsgerichten verwenden.

Zubereitung:

1. Die Jalapeños putzen, von den Stielen befreien und längs halbieren. Falls sie nicht zu scharf sein sollen, auch die Samenkörner und die Trennwände entfernen.

2. Die halbierten Jalapeños auf die Roste legen – nicht zu dicht, damit die Luft gut zirkulieren kann.

3. 8 bis 12 Stunden bei 52 °C dörren und dabei die Roste ein paar Mal drehen, bis sich die Jalapeños trocken und lederartig anfühlen.

4. In einem luftdichten Behälter bei Zimmertemperatur aufbewahren.

Barbecue-Süßkartoffeln

Zutaten:

- *2 große Süßkartoffeln*
- *2 EL Olivenöl*
- *1 EL Honig*
- *2 TL Paprikapulver*
- *1 TL Zwiebel-Knoblauch-Pulver (Rezept siehe S. 117)*
- *½ TL frisch gemahlener schwarzer Pfeffer*
- *½ TL Chilipulver*
- *½ TL Cayennepfeffer*
- *½ TL Salz*

Eine wunderbare Alternative zu herkömmlichen Kartoffelchips!

Zubereitung:

1. Die Süßkartoffeln waschen oder schälen und mit der Mandoline in 3 mm dicke Scheiben schneiden.

2. Die Scheiben mit allen anderen Zutaten in eine große Schüssel geben und mischen, bis die Scheiben gleichmäßig mit Öl und Gewürzen bedeckt sind.

3. Die Scheiben auf die Roste geben.

4. 6 bis 10 Stunden bei 52 °C dörren und dabei die Roste ein paar Mal drehen. Die fertigen Chips sollten knusprig und knackig sein.

- ▲ **ergibt** 4–6 Portionen
- ⏱ **Vorbereitungszeit:** 10–25 Min.
- ♨ **Dörrzeit:** 8–12 Std.

- ▲ **ergibt** 2–4 Portionen
- ⏱ **Vorbereitungszeit:** 10–15 Min.
- ♨ **Dörrzeit:** 3–7 Std.

Würzige Kürbischips

Zutaten:

- 1 kleiner Kürbis
- 2 EL flüssiges Kokosöl
- 2 EL Ahornsirup
- 1 Prise Salz
- Gemischte Gewürze nach Geschmack

Funktioniert mit jeder Kürbissorte und ergibt schmackhafte Chips. Sorten mit dünner Schale müssen Sie nicht schälen, gründliches Abschrubben genügt.

Zubereitung:

1. Den Kürbis vierteln, schälen und mit einem scharfen Messer in 5 mm dicke Scheiben schneiden.

2. Die Kürbisscheiben mit Öl, Sirup und Salz in eine große Schüssel geben und mit den Händen gut durchmischen, sodass sie gleichmäßig bedeckt sind.

3. Die Kürbisscheiben auf die Roste geben – nicht zu dicht, damit die Luft gut zirkulieren kann.

4. Nach Geschmack mit Gewürzen bestreuen.

5. 8 bis 12 Stunden bei 52 °C dörren und dabei die Roste ein paar Mal drehen. Die fertigen Kürbischips sollten richtig knusprig sein.

6. In einem luftdichten Behälter bei Zimmertemperatur aufbewahren.

Knoblauch-Zucchinichips

Zutaten:

- 3 große Zucchini
- 2 EL Olivenöl
- 2–3 TL Knoblauchpulver
- ½ TL Salz
- 2 EL fein gehackte Petersilie

Zucchinichips sind eine extrem gesunde Alternative zu Kartoffelchips. Den Geschmack können Sie ganz einfach Ihren Wünschen anpassen.

Zubereitung:

1. Die Zucchini waschen und die Enden abschneiden. Mit einer Mandoline in 3 mm dicke Scheiben schneiden.

2. Die Zucchinischeiben mit den übrigen Zutaten in eine große Schüssel geben und mit den Händen gründlich vermischen, sodass sie rundum mit Öl und Gewürzen bedeckt sind.

3. Die Zucchinischeiben auf die Roste geben – nicht zu dicht, damit die Luft gut zirkulieren kann.

4. 3 bis 7 Stunden bei 52 °C dörren und dabei die Roste ein paar Mal drehen. Die fertigen Zucchinichips sollten schön knusprig sein.

5. In einem luftdichten Behälter bei Zimmertemperatur aufbewahren.

- ⚠ **ergibt** 2–4 Portionen
- 🕐 **Vorbereitungszeit:** 15–20 Min.
- ♨ **Dörrzeit:** 6–10 Std.

Rote-Bete-Chips mit Honig-Orange

Zutaten:

- 4 mittelgroße Rote Bete
- 1 große Bio-Orange
- 3 EL Honig
- 1 Prise Salz

Wenn Sie mit Roter Bete hantieren, ziehen Sie am besten Wegwerf-handschuhe an, damit sich Ihre Hände nicht rot verfärben. Bei Verwendung verschiedener Sorten ergibt sich eine schöne Farbmischung.

Zubereitung:

1. Rote Bete schälen, putzen und mit einer Mandoline in 3 mm dicke Scheiben schneiden.

2. Die Scheiben mit Orangenschale und -saft in eine große Schüssel geben, Honig und Salz zugeben und die Schüssel schwenken, bis die Rote-Bete-Scheiben gleichmäßig bedeckt sind.

3. Die Scheiben auf die Roste geben – nicht zu dicht, damit die Luft gut zirkulieren kann.

4. 6 bis 10 Stunden bei 52 °C dörren und dabei die Roste ein paar Mal drehen. Die fertigen Rote-Bete-Chips sollten sich zäh und kross anfühlen.

5. In einem luftdichten Behälter bei Zimmertemperatur aufbewahren.

Fruchtleder und Fruchtpasten

Kinder lieben Leckereien aus Obst- und Gemüsepüree,
und Sie werden staunen, wie leicht Sie gesunde
Naschereien selbst herstellen können. Sie werden nie
wieder welche im Laden kaufen wollen!

Erdbeer-Apfel-Paste

- ▲ **ergibt** 12–14 Stück
- ◔ **Vorbereitungszeit:** 40–45 Min.
- ≋ **Dörrzeit:** 6–10 Std.

Zutaten:

- *4 Äpfel*
- *450 g Erdbeeren*
- *Saft von 1 Zitrone*
- *2 EL Zucker (falls gewünscht)*

Fruchtpasten sind eine gute Art, unansehnliches Obst zu verarbeiten, und Kinder freuen sich über diesen tollen Snack. In lustige Formen geschnitten sorgen diese Leckereien zudem noch für jede Menge Spaß.

Zubereitung:

1. Die Äpfel schälen, vom Kerngehäuse befreien und in 2,5 cm große Würfel schneiden. Die Erdbeeren waschen und den Stielansatz entfernen.

2. Die Früchte mit Zitronensaft und Zucker in einen mittelgroßen Kochtopf geben. Bei mittlerer Hitze sanft garen und gelegentlich umrühren, bis die Äpfel weich sind; das dauert etwa 10 bis 15 Minuten. Vom Herd nehmen und 15 bis 20 Minuten abkühlen lassen.

3. Die Früchte im Mixer pürieren.

4. Die Roste des Dörrautomaten mit Backpapier belegen. Das Fruchtpüree etwa 5 mm dick darauf verstreichen, wobei es am Rand etwas dicker sein sollte, denn der Rand trocknet als Erstes und wird sonst spröde.

5. 6 bis 10 Stunden bei 57 °C dörren und dabei die Roste ein paar Mal drehen. Das gedörrte Fruchtpüree sollte sich am Ende trocken und lederartig anfühlen.

6. Noch warm vom Backpapier lösen, in 12 bis 14 Streifen schneiden, aufrollen und abkühlen lassen. Dann in Frischhaltefolie einwickeln.

7. In einem luftdichten Behälter bei Zimmertemperatur aufbewahren.

Blaubeer-Lemon-Curd-Leder

⬠ **ergibt** 12–14 Stück

⏱ **Vorbereitungszeit:** 10–15 Min.

♨ **Dörrzeit:** 8–12 Std.

Wenn Sie die Roste Ihres Dörrgeräts mit Backpapier abdecken, müssen Sie das Fruchtpüree nicht mühsam ablösen. Sie können es zusammen mit dem Papier schneiden und das Papier dann noch als Aufrollhilfe benutzen.

Zutaten:

- *450 g Blaubeeren, frisch oder TK-Ware*
- *250 g Apfelmus*
- *60 ml Lemon Curd (Zitronencreme, im Glas)*

Zubereitung:

1. Die gewaschenen Blaubeeren zusammen mit dem Apfelmus im Mixer pürieren.

2. Die Roste des Dörrapparats mit Backpapier belegen. Das Fruchtpüree etwa 5 mm dick darauf verstreichen, wobei es am Rand etwas dicker sein sollte, denn der Rand trocknet als Erstes und wird sonst spröde.

3. Den Lemon Curd in einen Spritzbeutel füllen und damit Linien auf das Fruchtpüree zeichnen.

4. 8 bis 12 Stunden bei 57 °C dörren und dabei die Roste ein paar Mal drehen. Das fertig gedörrte Fruchtpüree sollte sich trocken und lederartig anfühlen.

5. In 12 bis 14 Streifen schneiden, aufrollen und abkühlen lassen. Dann in Frischhaltefolie einwickeln.

6. In einem luftdichten Behälter bei Zimmertemperatur aufbewahren.

Karotten-Apfel-Paste

△ ergibt 12–14 Stück

🕐 **Vorbereitungszeit:** 40–45 Min.

♨ **Dörrzeit:** 6–10 Std.

Zutaten:

- *2 mittelgroße Äpfel*
- *2 mittelgroße Karotten*
- *2 EL Honig*
- *1 EL Zitronensaft*

Diese hübschen orangefarbenen Naschereien schmecken genauso gut, wie sie aussehen. Äpfel, Karotten und Honig sind eine vorzügliche Kombination und noch dazu randvoll mit Nährstoffen. Großartig, um sich eine Extraportion Obst und Gemüse zu gönnen!

Zubereitung:

1. Die Äpfel schälen, vom Kerngehäuse befreien und in 2,5 cm große Würfel schneiden. Die Karotten schälen und in 1 cm große Würfel schneiden.

2. Äpfel und Karotten mit Honig und Zitronensaft in einen mittelgroßen Kochtopf geben. Bei mittlerer Hitze sanft garen und gelegentlich umrühren, bis die Äpfel und die Karotten weich sind. Das dauert 10 bis 15 Minuten. Vom Herd nehmen und 15 bis 20 Minuten abkühlen lassen.

3. Die Mischung in einen Mixer geben und pürieren.

4. Die Roste des Dörrgeräts mit Backpapier belegen. Das Püree etwa 5 mm dick darauf verstreichen, wobei es am Rand etwas dicker sein sollte, denn der Rand trocknet als Erstes und wird sonst spröde.

5. 6 bis 10 Stunden bei 57 °C dörren und dabei die Roste ein paar Mal drehen. Das fertig gedörrte Püree sollte sich trocken und lederartig anfühlen.

6. Noch warm vom Backpapier lösen, in 12 bis 14 Streifen schneiden, aufrollen und abkühlen lassen. Dann in Frischhaltefolie einwickeln.

7. In einem luftdichten Behälter bei Zimmertemperatur aufbewahren.

Zucchini-Birnen-Paste

△ **ergibt** 12–14 Stück

🕐 **Vorbereitungszeit:** 35–40 Min.

♨ **Dörrzeit:** 6–10 Std.

Milder schmeckende Gemüsesorten eignen sich wunderbar für Mischungen. Wenn Sie Zucchini, die wenig Eigengeschmack haben, mit in süße Rezepte einarbeiten, haben Sie wie hier mit Birne und Ahornsirup eine schmackhafte Süßigkeit und bekommen obendrein noch eine Extraportion Gemüse.

Zutaten:

- 4 große, reife Birnen
- 2 mittelgroße Zucchini
- 2 EL Ahornsirup
- 1 EL Zitronensaft

Zubereitung:

1. Die Birnen schälen, vom Kerngehäuse befreien und in 2,5 cm große Stücke schneiden. Die Zucchini waschen und ebenfalls in 2,5 cm große Stücke schneiden.

2. Die Birnen- und Zucchinistücke mit Ahornsirup und Zitronensaft in einen mittelgroßen Kochtopf geben. Bei mittlerer Hitze sanft garen und gelegentlich umrühren, bis die Birnen und die Zucchini weich sind; das dauert etwa 10 bis 15 Minuten. Vom Herd nehmen und 15 bis 20 Minuten abkühlen lassen.

3. Alles in einen Mixer geben und pürieren.

4. Die Roste des Dörrapparats mit Backpapier belegen. Das Püree etwa 5 mm dick darauf verstreichen, wobei es am Rand etwas dicker sein sollte, denn der Rand trocknet als Erstes und wird sonst spröde.

5. 6 bis 10 Stunden bei 57 °C dörren und dabei die Roste ein paar Mal drehen. Das fertig gedörrte Püree sollte sich trocken und lederartig anfühlen.

6. Noch warm vom Backpapier lösen, in 12 bis 14 Streifen schneiden, aufrollen und abkühlen lassen. Dann in Frischhaltefolie einwickeln.

7. In einem luftdichten Behälter bei Zimmertemperatur aufbewahren.

Zutaten:

- *3 große, reife Bananen*
- *450 g Kirschen, entsteint (frisch oder TK-Ware)*
- *2 TL Vanilleextrakt*

Vanillekirsche-Bananen-Leder

Fruchtleder sind auch eine tolle Möglichkeit, um matschige, überreife Bananen zu verarbeiten. In diesem Rezept verleihen die Bananen den herben Kirschen eine liebliche Süße, und die Vanille vertieft den Geschmack noch zusätzlich. Sehr raffiniert!

Zubereitung:

1. Die Bananen schälen und in 2,5 cm große Stücke schneiden.

2. Bananen, Kirschen und Vanilleextrakt im Mixer pürieren.

3. Die Roste des Dörrgeräts mit Backpapier belegen. Das Fruchtpüree etwa 5 mm dick darauf verstreichen, wobei es am Rand etwas dicker sein sollte, denn der Rand trocknet als Erstes und wird sonst spröde.

4. 6 bis 10 Stunden bei 57 °C dörren und dabei die Roste ein paar Mal drehen. Das fertig gedörrte Fruchtpüree sollte sich trocken und lederartig anfühlen.

5. Noch warm vom Backpapier lösen, in 12 bis 14 Streifen schneiden, aufrollen und abkühlen lassen. Dann in Frischhaltefolie einwickeln.

6. In einem luftdichten Behälter bei Zimmertemperatur aufbewahren.

Kirsch-Schoko-Paste

△ **ergibt** 12–14 Stück

🕐 **Vorbereitungszeit:** 35–40 Min.

♨ **Dörrzeit:** 6–10 Std.

Zutaten:

- 450 g Kirschen
- 2 EL Zucker
- 2 EL Wasser
- 2 EL Kakaopulver

Diese fortgeschrittene Variante der üblichen Fruchtleder kombiniert die reichhaltigen Geschmacksnoten von Kirschen und Schokolade. Durch das Kakaopulver wird das Püree etwas empfindlicher. Am besten trocknen Sie es auf Pergamentpapier und lassen es zum Schneiden und Lagern auf dem Papier.

Zubereitung:

1. Die Kirschen entstielen und entsteinen.

2. Mit Zucker und Wasser in einen Topf geben und bei mittlerer Hitze 10 Minuten kochen, bis die Kirschen weich sind.

3. Das Kakaopulver einrühren und nochmal 1 Minute kochen. Den Topf vom Herd nehmen und 15 bis 20 Minuten abkühlen lassen.

4. Die Mischung in einen Mixer geben und pürieren.

5. Die Roste des Dörrgeräts mit Pergamentpapier belegen. Das Püree etwa 5 mm dick darauf verstreichen, wobei es am Rand etwas dicker sein sollte, denn der Rand trocknet als Erstes und wird sonst spröde.

6. 6 bis 10 Stunden bei 57 °C dörren und dabei die Roste ein paar Mal drehen. Das fertig gedörrte Fruchtpüree sollte sich trocken und lederartig anfühlen.

7. Noch warm in 12 bis 14 Streifen schneiden, aufrollen und abkühlen lassen. Dann in Frischhaltefolie einwickeln.

8. In einem luftdichten Behälter bei Zimmertemperatur aufbewahren.

Kirsch-Mandel-Paste

△ **ergibt** 12–14 Stück

🕐 **Vorbereitungszeit:** 10–15 Min.

♨ **Dörrzeit:** 10–14 Std.

Die Zugabe von Mandelbutter sorgt für eine schöne Konsistenz und einen reizvollen Geschmack. Am besten lassen Sie diesen Snack auf dem Backpapier, denn durch das Fett ist er weniger stabil.

Zubereitung:

1. Apfelmus, Kirschkonfitüre und Mandelbutter in den Mixer geben und pürieren.

2. Die Roste des Dörrgeräts mit Backpapier belegen. Das Püree etwa 5 mm dick darauf verstreichen, wobei es am Rand etwas dicker sein sollte, denn der Rand trocknet als Erstes und wird sonst spröde.

3. Gleichmäßig mit Mandelblättchen bestreuen.

4. 10 bis 14 Stunden bei 57 °C dörren und dabei die Roste ein paar Mal drehen. Das fertig gedörrte Fruchtpüree sollte sich trocken und lederartig anfühlen.

5. Noch warm in 12 bis 14 Streifen schneiden, aufrollen und abkühlen lassen. Dann in Frischhaltefolie einwickeln.

6. In einem luftdichten Behälter bei Zimmertemperatur aufbewahren.

Zutaten:

- 240 g Apfelmus
- 240 g Kirschkonfitüre
- 120 g Mandelbutter
- 40 g Mandelblättchen

Paste aus Erdnussbutter und Konfitüre

ergibt 12–14 Stück

Vorbereitungszeit: 10–15 Min.

Dörrzeit: 10–14 Std.

Eine schöne Variante der klassischen Mischung aus Erdnussbutter und Konfitüre. Hier wird Erdbeerkonfitüre verwendet, Sie können aber auch einfach Ihre Lieblingskonfitüre nehmen. Auch diese Paste sollten Sie auf dem Backpapier belassen, denn durch das Fett der Erdnussbutter ist sie nicht so stabil.

Zutaten:

- *240 g Apfelmus*
- *240 g Erdbeerkonfitüre*
- *120 g Erdnussbutter*

Zubereitung:

1. Apfelmus, Konfitüre und Erdnussbutter in den Mixer geben und pürieren.

2. Die Roste des Dörrapparats mit Backpapier belegen. Das Püree etwa 5 mm dick darauf verstreichen, wobei es am Rand etwas dicker sein sollte, denn der Rand trocknet als Erstes und wird sonst spröde.

3. 10 bis 14 Stunden bei 57 °C dörren und dabei die Roste ein paar Mal drehen. Das fertig gedörrte Fruchtpüree sollte sich trocken und lederartig anfühlen.

4. Noch warm in 12 bis 14 Streifen schneiden, aufrollen und abkühlen lassen. Dann in Frischhaltefolie einwickeln.

5. In einem luftdichten Behälter bei Zimmertemperatur aufbewahren.

Salzkaramell-Apfel-Paste

- ▲ ergibt 6–8 Stück
- ⏱ **Vorbereitungszeit:** 45–50 Min.
- ♨ **Dörrzeit:** 6–10 Std.

Ein klein wenig Salz schafft eine moderne Variante des bewährten Apfel-Karamell-Geschmacks. Passen Sie auf, dass Sie sich bei der Zubereitung nicht verbrennen: Geschmolzenes Karamell ist extrem heiß und klebrig und kann daher schlimme Verbrennungen hervorrufen. Sie sollten sich bei der Zubereitung durch nichts ablenken lassen.

Zutaten:

- 4 mittelgroße Äpfel
- 3 EL Zucker
- ¼ TL Salz (nach Belieben)

Zubereitung:

1. Die Äpfel schälen, vom Kerngehäuse befreien und mit einem scharfen Messer in 1 cm große Würfel schneiden.

2. Für das Salzkaramell eine große Bratpfanne mit schwerem Boden auf mittlerer Stufe erhitzen. Dann den Zucker gleichmäßig in die Pfanne streuen. Wenn er geschmolzen ist, vorsichtig mit einem Metalllöffel rühren, sodass er gleichmäßig Farbe annimmt. Der Karamell soll recht dunkel werden, aber nicht verbrennen. Das dauert etwa 5 Minuten.

3. Die Pfanne schnell vom Herd nehmen und die Apfelstückchen und das Salz hineingeben. Kräftig rühren, bis die Mischung etwas abkühlt.

4. Die karamellisierten Äpfel wieder auf den Herd geben und leicht kochen, bis sie weich werden. Das dauert etwa 10 Minuten.

5. Vom Herd nehmen und 20 Minuten abkühlen lassen.

6. Die Mischung im Mixer pürieren.

7. Die Roste des Dörrapparats mit Backpapier belegen. Das Fruchtpüree etwa 5 mm dick darauf verstreichen, wobei es am Rand etwas dicker sein sollte, denn der Rand trocknet als Erstes und wird sonst spröde.

8. 6 bis 10 Stunden bei 57 °C dörren und dabei die Roste ein paar Mal drehen. Das Fruchtpüree ist fertig gedörrt, wenn es sich trocken und lederartig anfühlt.

9. Noch warm vom Backpapier lösen, in 6 bis 8 Streifen schneiden, aufrollen und abkühlen lassen. Dann in Frischhaltefolie einwickeln.

10. In einem luftdichten Behälter bei Zimmertemperatur aufbewahren.

Fruchtleder mit Punkten

Zutaten:

- *2 Aprikosen*
- *35 g Himbeeren*
- *45 g Blaubeeren*
- *480 g Apfelmus*

Punkte aus unterschiedlichen Früchten bringen Geschmack und Farbe in traditionelle Fruchtleder. Hier dürfen Sie gerne mit Früchten der Saison experimentieren, lassen Sie Ihrer Fantasie freien Lauf!

Zubereitung:

1. Die Aprikosen waschen und an der senkrechten Kerbe aufschneiden. Die Hälften gegeneinander drehen, um sie vom Stein zu trennen. Den Stein entsorgen.

2. Mit dem Mixer Aprikosen, Himbeeren und Blaubeeren getrennt pürieren.

3. Die Roste des Dörrgeräts mit Backpapier belegen. Das Apfelmus etwa 5 mm dick darauf verstreichen, wobei es am Rand etwas dicker sein sollte, denn der Rand trocknet als Erstes und wird sonst spröde.

4. Mit einem kleinen Löffel einzelne Punkte der drei verschiedenen Fruchtpürees auf das Apfelmus geben.

5. 6 bis 10 Stunden bei 57 °C dörren und dabei die Roste ein paar Mal drehen. Das Fruchtpüree ist fertig gedörrt, wenn es sich trocken und lederartig anfühlt.

6. Noch warm vom Backpapier lösen, in 12 bis 14 Streifen schneiden, aufrollen und abkühlen lassen. Dann in Frischhaltefolie einwickeln.

7. In einem luftdichten Behälter bei Zimmertemperatur aufbewahren.

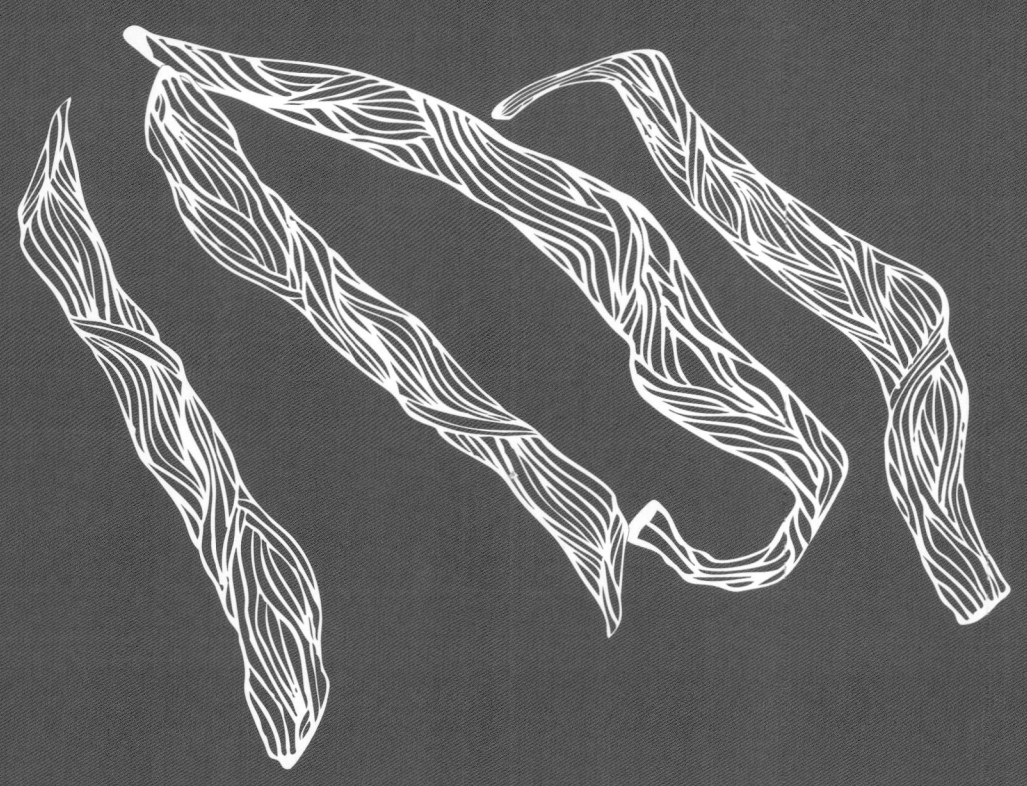

Jerkys

Die aufregende Welt der Jerkys erfreut die Geschmacks-
nerven. Sie können die verschiedensten Sorten Fleisch,
Geflügel und Fisch dörren, sodass Sie immer einen fett-
armen, eiweißreichen Snack griffbereit haben.

Klassische Rind- fleisch-Jerkys

Wir empfehlen für Jerkys mageres Rindfleisch, da es nicht so leicht ranzig wird wie fetthaltigeres Fleisch. Die Gewürze können Sie je nach Geschmack ganz einfach abwandeln.

Zutaten:

- *900 g magere Rinderlende*
- *120 ml Sojasoße*
- *120 ml Worcestershire-Soße*
- *2 EL Honig*
- *1 TL flüssiges Raucharoma*
- *2 TL frisch gemahlener schwarzer Pfeffer*
- *2 TL Knoblauchpulver*
- *Getrocknete Chiliflocken nach Belieben*

Zubereitung:

1. Alles sichtbare Fett wegschneiden und das Fleisch in Faserrichtung in 2,5 cm breite und 5 mm dicke Streifen schneiden.

2. In einer großen Schüssel aus Sojasoße, Worcestershire-Soße, Honig, Raucharoma, schwarzem Pfeffer und Knoblauchpulver eine Marinade zubereiten.

3. Die Rindfleischstreifen in die Schüssel geben und gut vermischen. Das Fleisch fest in die Marinade drücken, die Schüssel mit Frisch- haltefolie verschließen und im Kühlschrank 6 bis 12 Stunden (oder über Nacht) marinieren.

4. Die Rindfleischstreifen aus der Marinade nehmen, flachdrücken und geradeziehen. Dann auf die Roste des Dörrapparats geben – nicht zu dicht, damit die Luft gut zirkulieren kann.

5. Mit Chiliflocken bestreuen.

6. 6 bis 10 Stunden bei 68 °C dörren und dabei die Roste ein paar Mal drehen. Das Fleisch ist fertig gedörrt, wenn es sich trocken anfühlt und knackt, aber trotzdem nicht bricht, wenn man es biegt.

7. In einem luftdichten Behälter bei Zimmertemperatur aufbewahren.

ergibt 10–12 Portionen

Vorbereitungszeit: 2 Std. 30 Min.

Dörrzeit: 6–10 Std.

Zutaten:

- *900 g magere Rinderlende*
- *2 EL Salz*
- *2 EL brauner Zucker*
- *1 EL Zwiebel-Knoblauch-Pulver (Rezept siehe S. 117)*
- *1 EL Paprikapulver*
- *2 TL Cayennepfeffer*
- *2 TL getrocknete Chiliflocken*

Scharfe Rind-fleisch-Jerkys

Frieren Sie das Fleisch vor dem Schneiden für 1 Stunde an, dann lässt es sich leichter schneiden. Noch einfacher geht es mit einer elektrischen Schneidemaschine.

Zubereitung:

1. Alles sichtbare Fett wegschneiden und das Fleisch in Faserrichtung in 2,5 cm breite und 5 mm dicke Streifen schneiden.

2. Alle trockenen Zutaten in einer großen Schüssel gründlich mischen und eine trockene Marinade zubereiten.

3. Die Rindfleischstreifen in die Marinade geben und die Schüssel schwenken, bis das Fleisch gleichmäßig mit Gewürzen bedeckt ist. Die Schüssel mit Frischhaltefolie verschließen und das Fleisch im Kühlschrank 1 bis 2 Stunden marinieren.

4. Die Rindfleischstreifen aus der Schüssel nehmen, abklopfen, flach-drücken und geradeziehen. Dann auf die Roste des Dörrapparats geben – nicht zu dicht, damit die Luft gut zirkulieren kann.

5. 6 bis 10 Stunden bei 68 °C dörren und dabei die Roste ein paar Mal drehen. Das fertig gedörrte Fleisch sollte sich trocken anfühlen und knacken, aber trotzdem nicht brechen, wenn man es biegt.

6. In einem luftdichten Behälter bei Zimmertemperatur aufbewahren.

Teriyaki-Rind-fleisch-Jerkys

⚠ **ergibt** 10–12 Portionen

🕐 **Vorbereitungszeit:** 12 Std. 30 Min.

♨ **Dörrzeit:** 6–10 Std.

Je nachdem, wie Sie das Fleisch schneiden, verändert sich die Konsistenz der fertigen Jerkys. In Faserrichtung geschnittenes Fleisch ergibt zähere Jerkys. Gegen die Faser geschnittenes Fleisch wird weicher.

Zubereitung:

1. Das Fleisch wie im Rezept für scharfe Rindfleisch-Jerkys vorbereiten.

2. Die übrigen Zutaten für die Marinade in einer großen Schüssel gut vermischen.

3. Die Rindfleischstreifen in die Schüssel geben und alles gut vermengen, bis das Fleisch gleichmäßig bedeckt ist. Die Schüssel mit Frischhaltefolie verschließen und im Kühlschrank 6 bis 12 Stunden (oder über Nacht) marinieren.

4. Die Rindfleischstreifen aus der Marinade nehmen, flachdrücken und geradeziehen. Dann auf die Roste des Dörrapparats geben – nicht zu dicht, damit die Luft gut zirkulieren kann.

5. 6 bis 10 Stunden bei 68 °C dörren und dabei die Roste ein paar Mal drehen. Das fertig gedörrte Fleisch sollte sich trocken anfühlen und knacken, aber trotzdem nicht brechen, wenn man es biegt.

6. In einem luftdichten Behälter bei Zimmertemperatur aufbewahren.

Zutaten:

- *900 g magere Rinderlende*
- *160 ml Sojasoße*
- *80 ml Mirin (süßer Reiswein)*
- *3 EL brauner Zucker*
- *1 EL Zwiebel-Knoblauch-Pulver (Rezept siehe S. 117)*
- *2 TL frisch geriebener Ingwer*

Chinesische Schweine-fleisch-Jerkys

Für dieses Rezept wird Hackfleisch vom Schwein verwendet. Es sollte möglichst mager sein, am besten hacken Sie es selbst. Nach dem Trocknen kommt das Fleisch in den sehr heißen Backofen, um die Ränder anzubräunen und so den Geschmack zu verbessern. Das geht auch auf dem Grill.

Zubereitung:

1. Alle Zutaten in eine große Schüssel geben und gründlich vermischen. Die Gewürze müssen richtig ins Fleisch einmassiert werden, das Fleisch soll sich klebrig anfühlen.

2. Die Schüssel mit Frischhaltefolie verschließen und im Kühlschrank 6 bis 12 Stunden (oder über Nacht) marinieren.

3. Zwischen zwei Lagen Backpapier das Hackfleisch mit einem Teigroller auf 5 mm Dicke ausrollen.

4. Die obere Backpapierschicht abziehen, das untere Backpapier mit dem Fleisch auf die Roste des Dörrapparats geben.

5. 6 bis 12 Stunden bei 68 °C dörren und dabei die Roste ein paar Mal drehen. Das Fleisch vom Backpapier lösen, sobald es so trocken ist, dass es fest zusammenhält, dann umdrehen und weitertrocknen.

6. Den Backofen auf 220 °C vorheizen.

7. Das Fleisch in 7,5 cm große Quadrate schneiden.

8. Die Quadrate auf Backbleche legen und im Ofen backen, bis die Ränder angebräunt sind. Das dauert 5 bis 10 Minuten. Das Fleisch aus dem Ofen nehmen und auf einem Kuchengitter abkühlen lassen.

9. In einem luftdichten Behälter bei Zimmertemperatur aufbewahren.

ergibt 18 Quadrate

Vorbereitungszeit: 12 Std. 30 Min.

Dörrzeit: 6–12 Std.

Zutaten:

- *900 g mageres Schweinehackfleisch (weniger als 10 % Fett)*
- *1 EL Fischsoße*
- *2 EL helle Sojasoße*
- *2 EL dunkle Sojasoße*
- *1 EL Sesamöl*
- *2 EL Mirin (süßer Reiswein)*
- *110 g Zucker*
- *1 TL frisch gemahlener schwarzer Pfeffer*
- *2 TL Chinagewürz (5-Gewürze-Mischung)*
- *1 TL gemahlener Zimt*
- *½ TL gemahlener Sternanis*

Lachs-Jerkys

▲ **ergibt** 10–12 Portionen

🕐 **Vorbereitungszeit:** 3 Std. 30 Min.

♨ **Dörrzeit:** 10–16 Std.

Zutaten:

- *1 Lachsseite ohne Haut und Gräten*
- *240 g Tamari-Soße*
- *2 EL brauner Zucker*
- *2 EL Zitronensaft*
- *2 TL frisch gemahlener schwarzer Pfeffer*

Lachs ist ein sehr fetthaltiger Fisch, deshalb sollten Sie die fertigen Jerkys im Kühl- oder Gefrierschrank lagern. Andernfalls könnte das Öl ranzig werden. Und für alle Fisch-Jerkys gilt: Verwenden Sie nur wirklich frischen Fisch!

Zubereitung:

1. Den Lachs in 10 cm große Stücke schneiden, dann diese Stücke längs in 5 mm breite Streifen schneiden. Dickere Streifen eventuell noch einmal halbieren.

2. In einer großen Schüssel die Marinade aus Tamari-Soße, Zucker, Zitronensaft und Pfeffer kräftig vermischen.

3. Die Lachsstreifen in die Marinade geben und gut vermengen, bis sie gleichmäßig bedeckt sind. Den Fisch so tief wie möglich in die Marinade drücken, die Schüssel mit Frischhaltefolie verschließen und im Kühlschrank 1 bis 3 Stunden marinieren.

4. Die Lachsstreifen aus der Marinade nehmen, mit Küchenpapier trockentupfen und auf die Roste des Dörrgeräts geben – nicht zu dicht, damit die Luft gut zirkulieren kann.

5. 10 bis 16 Stunden bei 68 °C dörren und dabei die Roste ein paar Mal drehen, bis die Jerkys trocken, aber dennoch biegsam sind.

6. In einem luftdichten Behälter im Kühlschrank aufbewahren.

Gedörrte Krabben

 Portionen: variabel

 Vorbereitungszeit: Je nach Menge

Dörrzeit: 6–12 Std.

Diese aromatischen Dörrkrabben schmecken gut zu asiatischen oder zu Cajun-Gerichten und eignen sich auch prima zum Mitnehmen für unterwegs. Außerdem sind sie eine schöne knusprige Ergänzung zu Salat oder einfach so ein prima Snack. Sehr kleine Krabben müssen Sie nicht pulen, bei großen Krabben empfiehlt es sich eher.

Zutaten:

- *Vorgekochte Krabben in für Ihren Dörrautomat passender Menge*

Zubereitung:

1. Die vorkochten Krabben auf die Roste des Dörr-apparats geben – nicht zu dicht, damit die Luft gut zirkulieren kann.

2. 6 bis 12 Stunden bei 52 °C dörren und dabei die Roste ein paar Mal drehen, bis die Krabben trocken und knusprig sind.

3. In einem luftdichten Behälter bei Zimmertemperatur aufbewahren.

Jerkys aus eingesalzenem Kabeljau

▲ **ergibt** 24 Portionen

🕐 **Vorbereitungszeit:** 7 Std.

♨ **Dörrzeit:** 6–12 Stunden

Zutaten:

- 900 g frisches Kabeljaufilet ohne Haut
- 1,5 l Wasser
- 660 g Salz
- 2 EL gemischte getrocknete Kräuter
- 2 TL geriebene Zitronenschale
- 1 EL Knoblauchpulver

Jerkys aus eingesalzenem Kabeljau sind eine klassische Art, Fisch zu konservieren. Nehmen Sie nur wirklich frischen Fisch, damit er Ihnen während des Trocknens nicht verderben kann. Die fertigen Jerkys sollten nur einen milden Fischgeschmack haben. Verwenden können Sie die Jerkys wie jeden anderen gesalzenen Fisch.

Zubereitung:

1. Den Fisch in 2,5 cm breite und 5 mm dicke Streifen schneiden.

2. Aus 180 g Salz und dem Wasser eine Lake zubereiten.

3. Den Fisch für 30 Minuten in die Lake legen.

4. Fisch wieder herausnehmen, das Salz unter fließendem kaltem Wasser abspülen und den Fisch mit Küchenpapier trockentupfen.

5. Für die trockene Marinade 480 g Salz mit Kräutern, Zitronenschale und Knoblauchpulver gut vermischen.

6. Den Fisch in die trockene Marinade geben. Dabei darauf achten, dass jedes Stück vollständig von Marinade umgeben ist. In einem luftdichten Behälter im Kühlschrank 6 Stunden ziehen lassen.

7. Fisch aus der Marinade nehmen, abklopfen, flachdrücken und geradeziehen. Dann auf die Roste des Dörrapparats geben – nicht zu dicht, damit die Luft gut zirkulieren kann.

8. 6 bis 12 Stunden bei 68 °C dörren und dabei die Roste ein paar Mal drehen, bis der Fisch trocken ist und keinerlei Feuchtigkeit mehr auf der Oberfläche hat.

9. In einem luftdichten Behälter bei Zimmertemperatur aufbewahren.

Nüsse und Kerne

Nüsse und Kerne eignen sich perfekt als Snack zwischendurch. Sie enthalten viel Eiweiß und gesunde Fette, obendrein schmecken sie unheimlich lecker. In diesem Kapitel finden Sie etliche spielerische Rezepte, die bald zu Ihren ganz alltäglichen Vorräten gehören werden.

Würzige Nussmischung

- △ **ergibt** 600 g
- ⏱ **Vorbereitungszeit:** 10–15 Min.
- ♨ **Dörrzeit:** 18–24 Std.

Zutaten:

- 150 g Mandeln, eingeweicht und abgetropft
- 150 g Cashewkerne, eingeweicht und abgetropft
- 150 g Macadamia-Nüsse
- 150 g Kürbiskerne, eingeweicht und abgetropft
- 2 TL Chilipulver
- 1 TL frisch gemahlener schwarzer Pfeffer
- 1 EL Paprikapulver
- 1 EL Knoblauchpulver
- 1 EL getrockneter Oregano
- 3 TL Salz
- Cayennepfeffer nach Belieben

Nehmen Sie für dieses Rezept einfach die Nüsse und Kerne, die S e gerade im Haus haben. Die Gewürze eignen sich für jede Mischung.

Zubereitung:

1. Nüsse und Kürbiskerne in eine große Schüssel füllen und die übrigen Zutaten außer dem Cayennepfeffer zugeben. Gut vermischen, bis alle Nüsse und Kerne gleichmäßig überzogen sind.

2. Die Nüsse und Kerne auf die Roste des Dörrgeräts geben – nicht zu dicht, damit die Luft gut zirkulieren kann. Mit etwas Cayennepfeffer bestreuen.

3. 18 bis 24 Stunden bei 52 °C dörren und dabei die Roste ein paar Mal drehen. Am Ende sollten die Nüsse und Kerne trocken und knusprig sein.

4. In einem luftdichten Behälter bei Zimmertemperatur aufbewahren.

Cajun-Pecannüsse

⚠ **ergibt** 450 g

🕐 **Vorbereitungszeit:** 10–15 Min.

〰 **Dörrzeit:** 16–18 Std.

Zutaten:

- *450 g Pecannüsse, eingeweicht und abgetropft*
- *2 TL gemahlener Koriander*
- *2 TL gemahlener Kreuzkümmel*
- *2 TL Paprikapulver*
- *1 TL Zwiebel-Knoblauch-Pulver (Rezept siehe S. 117)*
- *1 EL getrockneter Oregano*
- *2 TL Salz*
- *¼ TL frisch gemahlener schwarzer Pfeffer*

Wie alle Nüsse, so passen auch Pecans wunderbar zu süßen und herzhaften Gerichten. In diesem Rezept sorgen Cajun-Gewürze für den besonderen Geschmack. Wegen des hohen Fettgehalts sollten Sie die fertige Mischung im Kühlschrank aufbewahren, damit die Nüsse nicht ranzig werden.

Zubereitung:

1. Die Nüsse und alle übrigen Zutaten in einer großen Schüssel mischen, bis alle Nüsse gleichmäßig überzogen sind.

2. Die Nüsse auf die Roste des Dörrapparats geben – nicht zu dicht, damit die Luft gut zirkulieren kann.

3. 16 bis 18 Stunden bei 52 °C dörren und dabei die Roste ein paar Mal drehen. Am Ende sollten die Nüsse trocken und knusprig sein.

4. In einem luftdichten Behälter im Kühlschrank aufbewahren.

Würzige Kürbiskerne

△ **ergibt** 560 g

🕐 **Vorbereitungszeit:** 10–15 Min.

♨ **Dörrzeit:** 8–12 Std.

Würzige Kürbiskerne sind ein prima Snack, passen aber auch gut in Studentenfutter oder zum Salat. Sogar im Dessert machen sie sich gut, sie verändern Konsistenz und Geschmack.

Zutaten:

- *2 EL flüssiges Kokosöl*
- *3 EL Honig*
- *540 g Kürbiskerne, eingeweicht und abgetropft*
- *1 TL gemahlener Zimt*
- *½ TL geriebener Ingwer*
- *½ TL gemahlener Sternanis*
- *½ TL gemahlenes Piment*

Zubereitung:

1. Kokosöl und Honig in eine große Schüssel geben und gründlich vermischen.

2. Die übrigen Zutaten hineingeben und die Schüssel schwenken, bis alle Kürbiskerne mit der Gewürzmischung überzogen sind.

3. Die Kerne auf die Roste des Dörrapparats geben – nicht zu dicht, damit die Luft gut zirkulieren kann.

4. 8 bis 12 Stunden bei 52 °C dörren und dabei die Roste ein paar Mal drehen, bis die Kerne trocken und knusprig sind.

5. In einem luftdichten Behälter bei Zimmertemperatur aufbewahren.

Chipotle-Limetten-Cashews

Zutaten:

- 2 Bio-Limetten
- 2 TL gemahlener Chipotle
- 2 EL brauner Zucker
- 2 TL Salz
- 560 g Cashewkerne, eingeweicht und abgetropft

Chipotle-Limetten-Cashews sind ein herrlicher Mix aus süßen, säuerlichen und würzigen Geschmacksnoten und ein toller Snack für die nächste Party oder überhaupt zu jeder Zeit. Nehmen Sie mehr oder weniger Chipotle, ganz wie Sie mögen.

Zubereitung:

1. Geriebene Schale und Saft der Limetten in eine große Schüssel geben.

2. Die Gewürze zugeben und alles gut vermischen.

3. Die Nüsse in die Schüssel geben und schwenken, bis alle Nüsse gleichmäßig mit der Gewürzmischung überzogen sind.

4. Die Nüsse auf die Roste des Dörrapparats geben – nicht zu dicht, damit die Luft gut zirkulieren kann.

5. 12 bis 16 Stunden bei 52 °C dörren und dabei die Roste ein paar Mal drehen. Am Ende sollten die Nüsse trocken und knusprig sein.

6. In einem luftdichten Behälter bei Zimmertemperatur aufbewahren.

Walnüsse mit Salz und Honig

⚠ **ergibt** 420 g

🕐 **Vorbereitungszeit:** 2 Std. 10 Min.

〰 **Dörrzeit:** 18–24 Std.

Das Salz gibt den Honignüssen erst den richtigen Kick. Und, ernsthaft: Sie machen süchtig! Experimentieren Sie gerne mit verschiedenen Honigsorten. Der Honig braucht viel Zeit zum Trocknen und die Nüsse bleiben dennoch recht klebrig.

Zutaten:

- *400 g Walnüsse, eingeweicht und abgetropft*
- *60 ml Honig*
- *2 TL Salz*

Zubereitung:

1. Walnüsse, Honig und Salz in eine große Schüssel geben und gründlich vermischen.

2. Die Nüsse 2 Stunden marinieren.

3. Die Roste des Dörrapparats mit Backpapier belegen, die Nüsse auf die Roste geben – nicht zu dicht, damit die Luft gut zirkulieren kann.

4. Mit dem restlichen Honig beträufeln.

5. 18 bis 24 Stunden bei 52 °C dörren und dabei die Roste ein paar Mal drehen. Am Ende sollten die Kerne trocken und klebrig sein.

6. In einem luftdichten Behälter bei Zimmertemperatur aufbewahren.

- ⬓ **ergibt** 150 g
- ◷ **Vorbereitungszeit:** 10–15 Min.
- ♨ **Dörrzeit:** 4–8 Std.

Pinienkerne mit Thymian und Sesam

Zutaten:

- 140 g Pinienkerne
- 1 EL frische Thymianblätter
- 1 EL Sesamsaat
- 2 TL Olivenöl
- ½ TL Salz

Pinienkerne passen ganz wunderbar zu vielen Rezepten, Thymian und Sesam verstärken ihren Geschmack. Für einen extra Knusperfaktor sorgen sie im Salat oder in Ihrem Lieblingsgericht.

Zubereitung:

1. Alle Zutaten in eine große Schüssel geben und gründlich vermischen, bis alle Pinienkerne mit der Gewürzmischung überzogen sind.

2. Die Pinienkerne auf die Roste des Dörrgeräts geben – nicht zu dicht, damit die Luft gut zirkulieren kann.

3. 4 bis 8 Stunden bei 52 °C dörren und dabei die Roste ein paar Mal drehen. Am Ende sollten die Kerne trocken und knusprig sein.

4. In einem luftdichten Behälter bei Zimmertemperatur aufbewahren.

Schoko-Vanille-Haselnüsse

△ **ergibt** 600 g

🕐 **Vorbereitungszeit:** 10–15 Min.

〰 **Dörrzeit:** 18–24 Std.

Schokolade und Haselnüsse sind eine himmlische Verbindung, und die Vanille verleiht dem Geschmack noch zusätzliche Tiefe.

Zubereitung:

1. Kokosöl, Kakaopulver, Zucker und Vanilleextrakt in eine große Schüssel geben und gründlich vermischen.

2. Die Haselnüsse zugeben und die Schüssel schwenken, bis alle Nüsse gleichmäßig mit der Schokoladenmischung überzogen sind.

3. Die Nüsse auf die Roste des Dörrapparats geben – nicht zu dicht, damit die Luft gut zirkulieren kann.

4. 18 bis 24 Stunden bei 52 °C dörren und dabei die Roste ein paar Mal drehen. Am Ende sollten die Nüsse trocken und knusprig sein.

5. In einem luftdichten Behälter bei Zimmertemperatur aufbewahren.

Zutaten:

- *3 EL flüssiges Kokosöl*
- *3 EL Kakaopulver*
- *50 g brauner Zucker*
- *2 TL Vanilleextrakt*
- *560 g Haselnüsse, eingeweicht und abgetropft*

Zimt-Schoko-Mandeln

△ **ergibt** 650 g

🕐 **Vorbereitungszeit:** 10–15 Min.

♨ **Dörrzeit:** 18–24 Std.

Zutaten:

- *3 EL flüssiges Kokosöl*
- *3 EL Kakaopulver*
- *50 g brauner Zucker*
- *2 TL gemahlener Zimt*
- *600 g Mandeln, eingeweicht und abgetropft*

Schokolade und Mandeln passen wunderbar zusammen, und der Zimt verpasst ihnen einen Hauch Wärme und Würze. Mandeln sind sehr fetthaltig, deshalb sollten Sie sie im Kühlschrank aufbewahren.

Zubereitung:

1. Kokosöl und Kakaopulver, Zucker und Zimt in eine große Schüssel geben und gründlich vermischen.

2. Die Mandeln hineingeben und die Schüssel schwenken, bis alle Mandeln gleichmäßig mit der Mischung überzogen sind.

3. Die Mandeln auf die Roste des Dörrapparats geben – nicht zu dicht, damit die Luft gut zirkulieren kann.

4. 18 bis 24 Stunden bei 52 °C dörren und dabei die Roste ein paar Mal drehen. Die fertig gedörrten Mandeln sollten trocken und knusprig sein.

5. In einem luftdichten Behälter bei Zimmertemperatur aufbewahren.

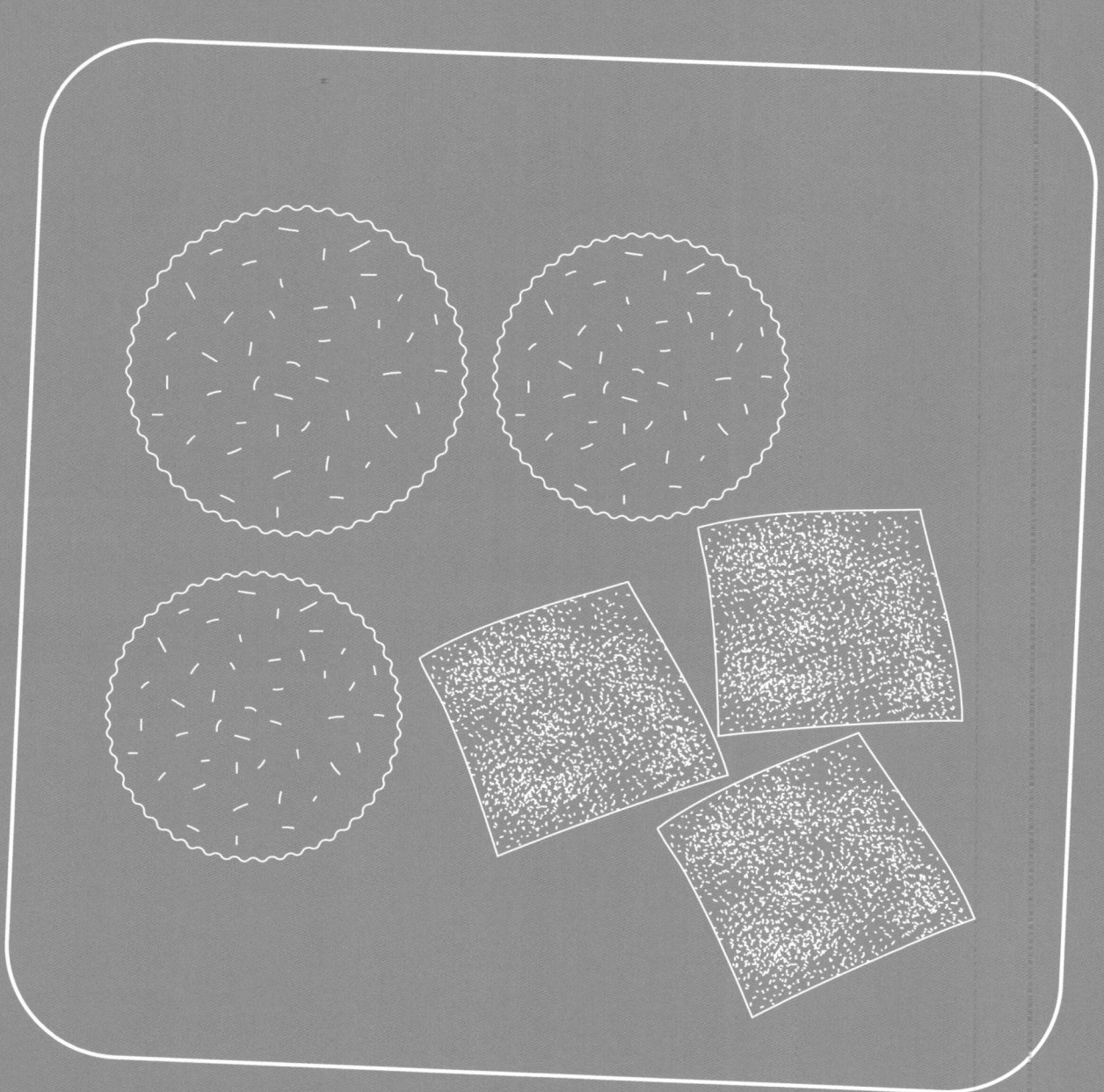

Cracker und Knäckebrot

Die vielleicht köstlichsten und erfindungsreichsten
Kreationen aus dem Dörrapparat: Cracker, Knäckebrot
und Flachbrot sind wunderbar unverfälschte, glutenfreie
Alternativen zu traditionellen Broten und Wraps.

Buchweizen-Knäckebrot

Zutaten:

- 500 g Buchweizengrütze, eingeweicht und abgetropft
- 120 g geschälte Sonnenblumenkerne, eingeweicht und abgetropft
- 90 g gemahlener Leinsamen
- 1 EL Knoblauchpulver
- 2 EL frische Thymianblättchen
- 1 TL Salz

Buchweizengrütze wird aus grob gemahlenen Buchweizensamen hergestellt. Sie ist eine wunderbare getreidefreie Alternative zu Weizen, Hafer und Gerste. Dieses Knäckebrot ist komplett frei von Getreide und Gluten und eignet sich perfekt für ein leichtes Mittagessen.

Zubereitung:

1. Buchweizengrütze und Sonnenblumenkerne in die Küchenmaschine geben und sämtliche übrigen Zutaten ebenso. Mixen, bis ein gut durchmischter, klebriger Teig entsteht.

2. Die Roste des Dörrapparats mit Backpapier belegen und den Teig mit einem Spatel 5 mm dick auf die Roste streichen.

3. Mit einem Messerrücken die Teigschicht in 5 x 10 cm große Rechtecke unterteilen.

4. 2 bis 3 Stunden bei 68 °C dörren, danach die Temperatur für 12 bis 20 Stunden auf 46 °C senken. Nach 6 Stunden die Knäckebrote umdrehen und das Backpapier entfernen.

5. Die Roste ein paar Mal drehen. Die fertigen Knäckebrote sollten trocken und knusprig sein.

6. In einem luftdichten Behälter bei Zimmertemperatur aufbewahren.

Mais-Chips

- ▲ **ergibt** 45–50 Chips
- ⏱ **Vorbereitungszeit:** 15–20 Min.
- ♨ **Dörrzeit:** 14–23 Std.

Zutaten:

- 600 g frische Maiskörner (oder TK-Ware)
- 90 g gemahlener Leinsamen
- 1 mittelgroße Zwiebel, gehackt
- 2 TL Paprikapulver
- 2 TL gemahlener Kreuzkümmel
- 1 TL Salz

Mais-Chips lassen sich ganz einfach selbst herstellen, ganz ohne Öl und andere Zusätze und somit vollkommen natürlich. Sie können frische Maiskörner oder Tiefkühlware verwenden, als Ergebnis erhalten Sie immer knusprige, krosse Chips, die hervorragend schmecken.

Zubereitung:

1. Alle Zutaten in die Küchenmaschine geben. Mixen, bis ein gut durchmischter, glatter Teig entsteht.

2. Die Roste des Dörrgeräts mit Backpapier belegen und den Teig mit einem Spatel 3 mm dick auf die Roste streichen.

3. Mit einem Messerrücken die Teigschicht in 5 cm große Dreiecke unterteilen.

4. 2 bis 3 Stunden bei 68 °C dörren, danach die Temperatur für 12 bis 20 Stunden auf 46 °C senken. Nach 6 Stunden die Chips umdrehen und das Backpapier entfernen.

5. Die Roste ein paar Mal drehen. Die fertigen Chips sollten trocken und knusprig sein.

6. In einem luftdichten Behälter bei Zimmertemperatur aufbewahren.

- ⚠ ergibt 36 Cracker
- 🕐 **Vorbereitungszeit:** 15–20 Min.
- ♨ **Dörrzeit:** 14–23 Std.

Zwiebel-Mohn-Cracker

Zwiebeln und Mohn verpassen diesen Crackern nicht nur den speziellen Geschmack, der gut zu allen herzhaften Aufstrichen passt, sondern auch ein hübsches Aussehen. Hacken Sie die Zwiebeln am besten in der Küchenmaschine.

Zutaten:

- 300 g fein gehackte Gemüsezwiebel
- 75 g gemahlener Chia-Samen
- 100 g Mandelmus
- 75 g Mohn
- ½ TL Salz

Zubereitung:

1. Alle Zutaten in eine große Schüssel geben und kräftig verrühren. 15 bis 20 Minuten stehen lassen, damit die Chia-Samen quellen können.

2. Die Roste des Dörrgeräts mit Backpapier belegen und den Teig mit einem Spatel 5 mm dick auf die Roste streichen.

3. Mit einem Messerrücken die Teigschicht in 5 cm große Quadrate unterteilen.

4. 2 bis 3 Stunden bei 68 °C dörren, danach die Temperatur für 12 bis 20 Stunden auf 46 °C senken. Nach 6 Stunden die Cracker umdrehen und das Backpapier entfernen.

5. Die Roste ein paar Mal drehen. Die fertigen Cracker sollten trocken und knusprig sein.

6. In einem luftdichten Behälter bei Zimmertemperatur aufbewahren.

Leinsamen-Cracker

ergibt 36 Cracker

Vorbereitungszeit: 2 Std. 15 Min.

Dörrzeit: 14–23 Std.

Das Grundrezept für Cracker passt zu allen möglichen Geschmacks-richtungen. Es lässt sich wunderbar verfeinern mit Ihren Lieblings-kräutern und -gewürzen, genauso mit getrockneten Tomaten, gedörr-ten Radieschen oder mit Knoblauch-Zwiebel-Pulver.

Zubereitung:

1. Den Leinsamen mit dem Wasser in eine große Schüssel geben und kräftig verrühren. 1 bis 2 Stunden quellen lassen, bis die Mischung dick und gelartig ist.

2. Kräuter und Salz zugeben und untermischen.

3. Die Roste des Dörrapparats mit Backpapier belegen und den Teig mit einem Spatel 5 mm dick auf die Roste streichen.

4. Mit einem Messerrücken die Teigschicht in 5 cm große Quadrate unterteilen.

5. 2 bis 3 Stunden bei 68 °C dörren, danach die Temperatur für 12 bis 20 Stunden auf 46 °C senken. Nach 6 Stunden die Cracker umdre-hen und das Backpapier entfernen.

6. Die Roste ein paar Mal drehen. Die Cracker sollten trocken und knusprig sein.

7. In einem luftdichten Behälter bei Zimmertemperatur aufbewahren.

Zutaten:

- *260 g gemahlener Leinsamen*
- *480 ml Wasser*
- *2 EL italienische Kräuter*
- *1 TL Salz*

Walnuss-Cranberry-Cracker

◭ **ergibt** 24 Cracker

🕐 **Vorbereitungszeit:** 15–20 Min.

♨ **Dörrzeit:** 14–23 Std.

Diese Cracker sind eine super Ergänzung für eine Käse- oder Vorspeisenplatte. Aber auch einfach so schmecken sie köstlich.

Zubereitung:

1. Walnüsse und Leinsamen mit dem Wasser in die Küchenmaschine geben und mixen, bis ein gut durchmischter, glatter Teig entsteht.

2. Cranberrys und Salz zugeben. Weitermixen, sodass die Cranberrys grob gehackt und gut untergemischt werden.

3. Die Roste des Dörrapparats mit Backpapier belegen und den Teig mit einem Spatel 5 mm dick auf die Roste streichen.

4. Mit einem Messerrücken die Teigschicht in 5 cm große Quadrate unterteilen.

5. 2 bis 3 Stunden bei 68 °C dörren, danach die Temperatur für 12 bis 20 Stunden auf 46 °C senken. Nach 6 Stunden die Cracker umdrehen und das Backpapier entfernen.

6. Die Roste ein paar Mal drehen. Die fertigen Cracker sollten trocken und knusprig sein.

7. In einem luftdichten Behälter bei Zimmertemperatur aufbewahren.

Zutaten:

- *300 g Walnüsse, eingeweicht und abgetropft*
- *45 g gemahlener Leinsamen*
- *60 ml Wasser*
- *80 g getrocknete Cranberrys*
- *½ TL Salz*

Zutaten:

- 130 g heller Leinsamen, ganz
- 240 ml Wasser
- 390 g geschälte Sonnenblumenkerne, eingeweicht und abgetropft
- 45 g gemahlener Leinsamen
- 35 g Flohsamenschalen
- 100 g getrocknete Tomaten
- 1 EL Knoblauchpulver
- 1 TL Salz

Brot mit Sonnen-blumenkernen

Zunächst wird dieses Brot zu einem Laib geformt und erst nach der Hälfte der Trockenzeit in Scheiben geschnitten. Falls das in Ihrem Dörrgerät nicht möglich ist, formen Sie vor dem Dörren 1 cm dicke Scheiben.

Zubereitung:

1. Den Leinsamen und das Wasser in eine große Schüssel geben und kräftig verrühren. 15 bis 30 Minuten stehen lassen, damit der Leinsamen quellen kann.

2. 250 g Sonnenblumenkerne in die Küchenmaschine geben, die restlichen Kerne beiseitestellen. Den eingeweichten Leinsamen, den gemahlenen Leinsamen und den Flohsamen zugeben und zu einem festen Teig verrühren. Eventuell noch etwas Wasser dazugeben.

3. Die restlichen Sonnenblumenkerne, die getrockneten Tomaten, Knoblauchpulver und Salz zugeben und weiterrühren, bis die Tomaten und die Sonnenblumenkerne grob gehackt sind.

4. Die Mischung zu einem rechteckigen Brotlaib formen, der etwa 20 x 12,5 cm groß ist. Auf einen Rost des Dörrapparats legen.

5. 2 bis 3 Stunden bei 68 °C dörren, danach die Temperatur für 8 Stunden auf 46 °C senken.

6. Den Brotlaib aus dem Dörrapparat nehmen und in 1 cm dicke Scheiben schneiden.

7. Die Brotscheiben auf die Roste legen – nicht zu dicht, damit die Luft gut zirkulieren kann.

8. Noch mal 6 bis 10 Stunden bei 46 °C weiterdörren und dabei die Roste ein paar Mal drehen. Die fertigen Brotscheiben sollten trocken, aber nicht knusprig sein.

9. In einem luftdichten Behälter bei Zimmertemperatur aufbewahren.

Flachbrot ohne Nüsse

⬤ **ergibt** 4–6 Stück

⬤ **Vorbereitungszeit:** 15 Min.

⬤ **Dörrzeit:** 9–14 Std.

Ganz ohne Nüsse kommt dieses kernige Flachbrot aus. Super für alle, die auf Nüsse allergisch reagieren! Und es eignet sich auch toll als Schulbrot.

Zubereitung:

1. Karotten schälen, die Enden entfernen, und in 2,5 cm große Stücke schneiden. Die Zucchini putzen und ebenfalls in 2,5 cm große Stücke schneiden.

2. Alle Zutaten in die Küchenmaschine geben und mixen, bis alles fein gehackt, aber noch nicht glatt gerührt ist.

3. Die Roste des Dörrgeräts mit Backpapier belegen und den Teig mit einem Spatel 5 mm dick auf die Roste streichen.

4. 2 bis 3 Stunden bei 68 °C dörren, danach die Temperatur für 7 bis 11 Stunden auf 46 °C senken. Nach 6 Stunden das Brot umdrehen und das Backpapier entfernen.

5. Die Roste ein paar Mal drehen, bis sich das Brot trocken und lederartig anfühlt.

6. Das Brot in die gewünschte Größe schneiden und in einem luftdichten Behälter bei Zimmertemperatur aufbewahren.

Zutaten:

- *2 mittelgroße Karotten*
- *1 mittelgroße Zucchini*
- *135 g geschälte Kürbiskerne, eingeweicht und abgetropft*
- *135 g geschälte Sonnenblumenkerne, eingeweicht und abgetropft*
- *135 g Leinsamen*
- *1 TL Salz*

Flachbrot mit Tomaten

Zutaten:

- *280 g Cashewkerne, eingeweicht und abgetropft*
- *200 g getrocknete Tomaten*
- *3 mittelgroße Tomaten, gehackt*
- *90 g Leinsamen, gemahlen*
- *2 EL getrockneter Oregano*
- *½ TL Salz*

Für dieses Flachbrot können Sie ganz wunderbar überreife Tomaten verarbeiten – gerne zusammen mit Ihren Lieblingskräutern.

Zubereitung:

1. Alle Zutaten in die Küchenmaschine geben und mixen, bis alles fein gehackt, aber noch nicht glatt gerührt ist.

2. Die Roste des Dörrapparats mit Backpapier belegen und den Teig mit einem Spatel 5 mm dick auf die Roste streichen.

3. 2 bis 3 Stunden bei 68 °C dörren, danach die Temperatur für 8 bis 12 Stunden auf 46 °C senken. Nach 6 Stunden das Brot umdrehen und das Backpapier entfernen.

4. Die Roste ein paar Mal drehen, bis sich das Brot trocken und lederartig anfühlt.

5. Das Brot in die gewünschte Größe schneiden und in einem luftdichten Behälter bei Zimmertemperatur aufbewahren.

Flachbrot mit Zucchini

▲ **ergibt** 4–6 Stück

🕐 **Vorbereitungszeit:** 20–30 Min.

♨ **Dörrzeit:** 10–15 Std.

Dieses Brot hilft, die sommerliche Zucchini-Flut einzufangen, und ist zu jeder Mahlzeit eine schöne Beilage, zudem ist es angefüllt mit den gesunden Nährstoffen grüner Gemüse. Wie bei den anderen Flachbrot-Rezepten sollte auch das Zucchini-Brot trocken, aber biegsam bleiben und nicht zu knusprig werden.

Zutaten:

- 3 mittelgroße Zucchini
- 135 g geschälte Kürbiskerne, eingeweicht und abgetropft
- 90 g junge Spinatblätter, grob gehackt
- 70 g gemahlener Chia-Samen
- ½ TL Salz

Zubereitung:

1. Die Zucchini putzen und in 2,5 cm große Stücke schneiden.

2. Alle Zutaten in die Küchenmaschine geben und mixen, bis alles fein gehackt, aber noch nicht ganz glatt gerührt ist.

3. Die Roste des Dörrgeräts mit Backpapier belegen und den Teig mit einem Spatel 5 mm dick auf die Roste streichen.

4. 2 bis 3 Stunden bei 68 °C dörren, danach die Temperatur für 8 bis 12 Stunden auf 46 °C senken. Nach 6 Stunden das Brot umdrehen und das Backpapier entfernen.

5. Die Roste ein paar Mal drehen, bis sich das Brot trocken und lederartig anfühlt.

6. Das Brot in die gewünschte Größe schneiden und in einem luftdichten Behälter bei Zimmertemperatur aufbewahren.

Zimt-Rosinen-Toast

△ **ergibt** 8–10 Stück

🕐 **Vorbereitungszeit:** 2 Std. 15 Min.

♨ **Dörrzeit:** 14–19 Std.

Wer liebt nicht die süßen Geschmacksexplosionen von Toast mit Zimt und Rosinen? Dieses Brot ist für sich allein schon köstlich, schmeckt aber auch hervorragend mit frischem Obst oder mit Nussbutter.

Zubereitung:

1. Die Äpfel schälen, vom Kerngehäuse befreien und in 2,5 cm große Stücke schneiden.

2. Die Banane schälen und in 2,5 cm große Stücke schneiden.

3. Alle Zutaten bis auf die Rosinen in die Küchenmaschine geben und mixen, bis alles fein gehackt, aber noch nicht glatt gerührt ist.

4. Die Mischung in eine große Schüssel geben und die Rosinen untermischen.

5. Die Roste des Dörrautomaten mit Backpapier belegen und den Teig mit einem Spatel 1 cm dick auf die Roste streichen.

6. 2 bis 3 Stunden bei 68 °C dörren, danach die Temperatur für 6 Stunden auf 46 °C senken.

7. Aus dem Dörrautomat nehmen, umdrehen und das Backpapier entfernen. Das Brot in 5 x 10 cm große Rechtecke schneiden.

8. Die Rechtecke wieder auf die Roste geben – nicht zu dicht, damit die Luft gut zirkulieren kann.

9. Noch mal 6 bis 10 Stunden bei 46 °C weiterdörren und dabei die Roste ab und zu drehen. Der fertige Toast sollte außen trocken und knusprig sein, innen aber noch etwas weich.

10. In einem luftdichten Behälter im Kühlschrank aufbewahren.

Zutaten:

- *2 mittelgroße Äpfel*
- *1 mittelgroße Banane*
- *200 g Walnüsse, eingeweicht und abgetropft*
- *100 g Mandelmus*
- *90 g Leinsamen, gemahlen*
- *2 TL Zimt*
- *100 g Rosinen*

Chia-Cracker mit Schoko-Erdnussbutter

- ⚠ **ergibt** 36–40 Cracker
- 🕐 **Vorbereitungszeit:** 1 Stunde
- ♨ **Dörrzeit:** 14–23 Std.

Zutaten:

- 150 g Chia-Samen
- 240 ml Wasser
- 280 g Erdnüsse, eingeweicht und abgetropft
- 4 frische Datteln, entsteint
- 2 EL Kakaopulver
- ½ TL Salz

Schokolade und Erdnussbutter, dazu die nährstoffreichen Chia-Samen: Diese Cracker sind nicht nur köstlich, sondern auch gesund.

Zubereitung:

1. Chia-Samen und Wasser in eine große Schüssel geben und gut verrühren. 15 bis 30 Minuten quellen lassen, bis die Mischung geliert.

2. Alle Zutaten in die Küchenmaschine geben und mixen, bis alles fein gehackt, aber noch nicht glatt gerührt ist.

3. Die Roste des Dörrapparats mit Backpapier belegen und den Teig mit einem Spatel 5 mm dick auf die Roste streichen.

4. Mit einem Messerrücken in 5 cm große Quadrate unterteilen.

5. 2 bis 3 Stunden bei 68 °C dörren, danach die Temperatur für 12 bis 20 Stunden auf 46 °C senken. Nach 6 Stunden die Cracker umdrehen und das Backpapier entfernen.

6. Die Roste ein paar Mal drehen, bis die Cracker trocken und knusprig sind.

7. In einem luftdichten Behälter bei Zimmertemperatur aufbewahren.

Kräuter und Gewürze

Wollen Sie Ihren Gerichten einen interessanteren aromatischen und würzigen Geschmack geben? Dann trocknen Sie doch einfach Ihre eigenen Kräuter und Gewürze. So bekommen Sie gute, haltbare Zutaten, die jedem Essen ein köstliches Aroma verleihen.

Kräuter

Zutaten:

- *Frische Kräuter in für Ihren Dörrautomat passender Menge*

Das Dörren von Kräutern ermöglicht Ihnen, sie zur allerbesten Zeit zu ernten und ihren Geschmack dann das ganze Jahr hindurch zu genießen. Petersilie, Thymian, Rosmarin, Oregano, Basilikum und Salbei sind nur ein paar Beispiele für Kräuter, die sich zum Trocknen eignen. Sie können die Kräuter auch mischen und so Ihre ganz eigenen Kräutermischungen kreieren.

Zubereitung:

1. Die Kräuter waschen und mit Küchenpapier trockentupfen.

2. Grob hacken, aber nicht zu fein, denn sonst fliegen sie im Dörrgerät davon. Die Blätter können Sie nach dem Trocknen von den Stängeln abstreifen.

3. Die Kräuter auf die Roste des Dörrgeräts geben – nicht zu dicht, damit die Luft gut zirkulieren kann.

4. 2 bis 4 Stunden bei 46 °C dörren und dabei die Roste ein paar Mal drehen.

5. Die getrockneten Kräuter in einem luftdichten Behälter bei Zimmertemperatur aufbewahren.

Zwiebel-Knoblauch-Pulver

△ **ergibt** 85 Gramm

🕐 **Vorbereitungszeit:** 15–20 Min.

♨ **Dörrzeit:** 8–12 Std.

Selbst gemachtes Zwiebel-Knoblauch-Pulver spart nicht nur Geld, es ist auch immer griffbereit, wenn Sie eine würzige Zutat brauchen. Es passt großartig zu warmen Gerichten, in Dips und in Salatsoßen.

Zutaten:

- *4 große Zwiebeln*
- *1 Knolle Knoblauch*

Zubereitung:

1. Die Zwiebeln halbieren und schälen.

2. Den Knoblauch schälen.

3. Alles in 5 mm große Würfel schneiden.

4. Die Würfel auf die Roste des Dörrapparats geben – nicht zu dicht, damit die Luft gut zirkulieren kann.

5. 8 bis 12 Stunden bei 46 °C dörren und dabei die Roste ein paar Mal drehen.

6. Wenn sie trocken und knusprig sind, die Zwiebel- und Knoblauchstücke in den Mixer oder in die Kaffeemühle geben und zu feinem Pulver mahlen.

7. In einem luftdichten Behälter bei Zimmertemperatur aufbewahren.

<table>
<tr><td>△ **Portionen:** variabel</td><td>△ **Portionen:** variabel</td></tr>
<tr><td>🕐 **Vorbereitungszeit:** Je nach Menge</td><td>🕐 **Vorbereitungszeit:** Je nach Menge</td></tr>
<tr><td>♨ **Dörrzeit:** 4–6 Std.</td><td>♨ **Dörrzeit:** 4–8 Std.</td></tr>
</table>

Zitronenschale

Zutaten:

- *Unbehandelte Zitronen in für Ihren Dörrautomat passender Menge*

Wenn Sie die Schale für dieses Rezept abgelöst haben, können Sie die Früchte in 5 mm dicke Scheiben schneiden und diese zusammen mit der Schale dörren. Zitronenscheiben passen gut zu Fisch und anderen würzigen Gerichten, Sie können sie aber auch einfach in den Tee geben.

Zubereitung:

1. Die Zitronenschalen mit einem Zestenreißer oder einem Sparschäler abschälen. Die weiße Haut an den Früchten lassen.

2. Größere Stücke mit einem scharfen Messer in feine Streifen schneiden.

3. Die Roste des Dörrautomaten mit Backpapier belegen und die Zitronenschale auf die Roste geben – nicht zu dicht, damit die Luft gut zirkulieren kann.

4. 4 bis 6 Stunden bei 46 °C dörren und dabei die Roste ein paar Mal drehen.

5. Die getrocknete Zitronenschale in einem luftdichten Behälter bei Zimmertemperatur aufbewahren.

Ingwer

Zutaten:

- *Ingwer in für Ihren Dörrautomat passender Menge*

Getrockneter Ingwer ist eine vielseitige Zutat in jeder Küche. Er kann in süßen wie in pikanten Gerichten verwendet werden, gemahlen passt er in allerlei Gewürzmischungen, und auch im Tee sorgt er für einen speziellen Kick.

Zubereitung:

1. Den Ingwer grob zerteilen.

2. Die Stücke schälen und mit einem scharfen Messer in 3 mm große Würfel schneiden.

3. Den Ingwer auf die Roste des Dörrapparats geben – nicht zu dicht, damit die Luft gut zirkulieren kann.

4. 4 bis 8 Stunden bei 46 °C dörren und dabei die Roste ein paar Mal drehen.

5. Den getrockneten Ingwer in einem luftdichten Behälter bei Zimmertemperatur aufbewahren.

- **Portionen:** variabel
- **Vorbereitungszeit:** Je nach Menge
- **Dörrzeit:** 8–12 Std.

Paprikapulver

Zutaten:

- *Paprikaschoten in für Ihren Dörrautomat passender Menge*

Süßes Paprikapulver schmeckt köstlich. Wenn Sie Saisonfrüchte verwenden, sparen Sie Geld und haben das ganze Jahr über beste Qualität zur Verfügung.

Zubereitung:

1. Die Paprikaschoten waschen, halbieren und mit einem kleinen Messer Stiel, Samen und Trennhäute entfernen.

2. In 5 mm breite Streifen schneiden.

3. Die Paprikastreifen auf die Roste des Dörrgeräts geben – nicht zu dicht, damit die Luft gut zirkulieren kann.

4. 8 bis 12 Stunden bei 46 °C dörren und dabei die Roste ein paar Mal drehen.

5. Wenn die Paprikastückchen ganz trocken und knusprig sind, im Mixer oder in der Kaffeemühle zu feinem Pulver mahlen.

6. In einem luftdichten Behälter bei Zimmertemperatur aufbewahren.

- **Portionen:** variabel
- **Vorbereitungszeit:** Je nach Menge
- **Dörrzeit:** 6–12 Std.

Chiliflocken

Zutaten:

- *Chilischoten in für Ihren Dörrautomat passender Menge*

Frisch geerntete Chilischoten lassen sich zu einem herrlichen Gewürz verarbeiten. Aber Vorsicht: Passen Sie gut auf, dass Sie das Pulver nicht einatmen!

Zubereitung:

1. Ziehen Sie Wegwerfhandschuhe an, um Ihre Hände zu schützen. Die Chilischoten halbieren und mit einem kleinen Messer Stiel, Samen und Trennwände entfernen. Wenn Sie gerne scharfe Chiliflocker haben möchten, können Sie die Samen mitverwenden, für mildere Flocken lassen Sie die Samen besser weg.

2. Die halbierten Chilischoten auf die Roste des Dörrapparats geben – nicht zu dicht, damit die Luft gut zirkulieren kann.

3. 6 bis 12 Stunden bei 46 °C dörren und dabei die Roste ein paar Mal drehen.

4. Die fertig getrockneten, knusprigen Chilischoten im Mixer oder in der Kaffeemühle grob mahlen oder im Mörser zerstoßen.

5. In einem luftdichten Behälter bei Zimmertemperatur aufbewahren.

- **Portionen:** variabel
- **Vorbereitungszeit:** Je nach Menge
- **Dörrzeit:** 4–16 Std.

Gemüsepulver

Zutaten:

- *Frisches Gemüse in für Ihren Dörrautomat passender Menge*

Durch das Dörren bewahren Sie Saisongemüse für den Rest des Jahres auf. Dieses Pulver gibt Gerichten und Getränken nicht nur mehr Geschmack, sondern fügt ihnen auch Vitamine und Mineralstoffe zu.

Zubereitung:

1. Wurzelgemüse waschen, putzen, schälen und mit einer Mandoline in feine Julienne-Streifen schneiden.

2. Blattgemüse waschen, mit Küchenpapier trockentupfen und holzige Stängel entfernen.

3. Das Gemüse auf die Roste des Dörrapparats geben – nicht zu dicht, damit die Luft gut zirkulieren kann.

4. 4 bis 16 Stunden bei 46 °C dörren und dabei die Roste ein paar Mal drehen.

5. Das fertig getrocknete, knusprige Gemüse im Mixer oder in der Kaffeemühle zu feinem Pulver mahlen.

6. In einem luftdichten Behälter bei Zimmertemperatur aufbewahren.

- **ergibt** 100 g
- **Vorbereitungszeit:** 15–20 Min.
- **Dörrzeit:** 8–12 Std.

Suppengrün

Zutaten:

- *450 g Zwiebeln*
- *225 g Karotten*
- *225 g Sellerie*

Suppengrün ist eine gute Grundlage für Brühen, Suppen und Soßen. Mit dieser Mischung haben Sie es immer zur Hand.

Zubereitung:

1. Die Zwiebeln putzen, halbieren und schälen.

2. Die Karotten schälen und die Enden abschneiden.

3. Den Sellerie waschen, Blätter und Enden entfernen.

4. Das Gemüse mit einem scharfen Messer in 1 cm große Stücke schneiden.

5. Alles auf die Roste des Dörrgeräts geben – nicht zu dicht, damit die Luft gut zirkulieren kann.

6. 8 bis 12 Stunden bei 46 °C dörren und dabei die Roste ein paar Mal drehen.

7. In einem luftdichten Behälter bei Zimmertemperatur aufbewahren.

Frühstück

Dieses Kapitel ist randvoll mit Inspirationen für die wichtigste Mahlzeit des Tages. Sie finden hier Tipps zur Herstellung ihrer eigenen Müsli- und Knuspermischungen, Rezepte für Crêpes und Pfannkuchen und auch sonst alles, um ohne große Mühe ein gesundes Frühstück zu zaubern.

- **ergibt** 570 g
- **Vorbereitungszeit:** 45 Min.
- **Dörrzeit:** 14–19 Std.

Knuspermischung

Zutaten:

- 100 g Walnüsse, eingeweicht und abgetropft
- 150 g Mandeln, eingeweicht und abgetropft
- 170 g Buchweizengrütze, eingeweicht und abgetropft
- 65 g geschälte Kürbiskerne, eingeweicht und abgetropft
- 65 g geschälte Sonnenblumenkerne, eingeweicht und abgetropft
- 50 g frische Kokosflocken
- 60 ml Ahornsirup
- 60 g Mangopüree
- 1 TL gemahlener Zimt

Eine natürliche, gluten- und getreidefreie Müslimischung für Ihren Frühstückstisch.

Zubereitung:

1. Walnüsse und Mandeln grob hacken, danach alle Zutaten in einer Schüssel mischen.

2. 30 Minuten ziehen lassen, dann die Mischung auf die Roste des Dörrapparats geben – nicht zu dicht, damit die Luft gut zirkulieren kann.

3. 2 bis 3 Stunden bei 68 °C dörren, danach die Temperatur auf 46 °C senken und noch weitere 12 bis 16 Stunden dörren, bis die Mischung trocken und knusprig ist.

4. In einem luftdichten Behälter bei Zimmertemperatur aufbewahren.

- **ergibt** 8 Riegel
- **Vorbereitungszeit:** 30 Min.
- **Dörrzeit:** 8–12 Std.

Müsliriegel

Zutaten:

- 3 mittelgroße Bananen
- 170 g Buchweizengrütze, eingeweicht und abgetropft
- 135 g geschälte Kürbiskerne, eingeweicht und abgetropft
- 110 g Pecan- oder Walnüsse, eingeweicht und abgetropft
- 80 g Chia-Samen
- 100 g Rosinen
- 50 g Goji-Beeren

Die Bananen und die Chia-Samen sorgen für die Bindung in diesen Müsliriegeln und somit für eine leckere süße Zwischenmahlzeit.

Zubereitung:

1. Bananen schälen und in Scheiben schneiden. Mit den übrigen Zutaten in den Mixer geben und zu einer klebrigen Mischung vermengen.

2. 8 Riegel in einer Größe von 5 x 10 cm formen. Die Roste des Dörrapparats mit Backpapier belegen und die Riegel daraufgeben – nicht zu dicht, damit die Luft gut zirkulieren kann.

3. 2 bis 3 Stunden bei 68 °C dörren, danach die Temperatur auf 46 °C senken und noch weitere 6 bis 9 Stunden dörren, bis die Riegel trocken und fest sind.

4. In einem luftdichten Behälter im Kühlschrank aufbewahren.

Himbeer-Kokos-Happen

- ⬙ **ergibt** 12 Stück
- 🕐 **Vorbereitungszeit:** 45 Min.
- ♨ **Dörrzeit:** 12–17 Std.

Zutaten:

- 45 g gemahlener Leinsamen
- 140 g Cashewkerne, eingeweicht und abgetropft
- 6 frische Datteln, entsteint
- 70 g getrocknete Kokosflocken
- 60 g frische Kokosflocken
- 220 g frische Himbeeren

Falls Sie keine frischen Himbeeren bekommen, funktioniert dieses Rezept auch mit Tiefkühlware. Mischen Sie die Beeren nicht zu stark unter, es sollen noch größere Stückchen erhalten bleiben, die dann beim Essen für regelrechte Geschmacksexplosionen sorgen.

Zubereitung:

1. Leinsamen, Cashewkerne und Datteln in die Küchenmaschine geben und mixen, bis alles gut vermischt, aber nicht zu glatt ist.

2. Die Mischung in eine große Schüssel geben, Kokosflocken und Himbeeren dazugeben. Nicht zu stark verrühren, damit noch Himbeerstückchen bleiben.

3. 15 Minuten ziehen lassen, dann mit einem Eisportionierer feste Kugeln abstechen.

4. Die Kugeln auf die Roste des Dörrgeräts geben – nicht zu dicht, damit die Luft gut zirkulieren kann.

5. 2 bis 3 Stunden bei 68 °C dörren, danach die Temperatur auf 45 °C senken und noch weitere 10 bis 14 Stunden dörren, bis die Kugeln fest und trocken sind. Dabei die Roste ein paar Mal drehen.

6. In einem luftdichten Behälter im Kühlschrank aufbewahren.

Orangen-Cranberry-Happen

Orangen-Cranberry-Happen sind ein tolles Frühstück zum Mitnehmen und eine köstliche Zwischenmahlzeit. Solche Happen lassen sich mit fast allen Trockenfrüchten herstellen, Sie können also immer wieder wechseln, um andere Geschmacksnoten zu bekommen.

Zubereitung:

1. Die Orangenschale dünn abschälen, dann die weiße Haut entfernen und wegwerfen.

2. Das Fruchtfleisch grob hacken und mit der Orangenschale in die Küchenmaschine geben.

3. Datteln, Leinsamen und Sonnenblumenkerne zugeben und mixen, bis sich alles gut vermischt hat, aber noch nicht zu glatt ist.

4. Die Cranberrys zugeben und kurz weitermixen, sodass sie nur grob gehackt werden.

5. 15 Minuten ziehen lassen, dann mit einem Eisportionierer feste Kugeln abstechen.

6. Die Kugeln auf die Roste des Dörrapparats geben – nicht zu dicht, damit die Luft gut zirkulieren kann.

7. 2 bis 3 Stunden bei 68 °C dörren, danach die Temperatur auf 46 °C senken und noch weitere 10 bis 14 Stunden dörren, bis die Kugeln fest und trocken sind. Dabei die Roste ein paar Mal drehen.

8. In einem luftdichten Behälter im Kühlschrank aufbewahren.

ergibt 10–12 Stück

Vorbereitungszeit: 45 Min.

Dörrzeit: 12–17 Std.

Zutaten:

- *2 mittelgroße Bio-Orangen*
- *4 frische Datteln, entsteint*
- *90 g gemahlener Leinsamen*
- *130 g geschälte Sonnenblumenkerne, eingeweicht und abgetropft*
- *160 g getrocknete Cranberrys*

Schokoladencrêpes mit Bananen

⚠ **ergibt** 4–6 Stück

🕐 **Vorbereitungszeit:** 30 Min.

♨ **Dörrzeit:** 4–7 Std.

Diese feine schokoladige Variante eines alten Lieblingsfrühstücks ist leicht herzustellen und schmeckt wirklich köstlich. Hier werden die Crêpes mit Bananen serviert, aber je nach Saison passen auch frische Beeren oder Kirschen gut dazu.

Zutaten:

- 6 mittelgroße Bananen
- 40 g Kakaopulver
- Bananenscheiben zum Anrichten
- Ahornsirup zum Anrichten

Zubereitung:

1. Die Bananen schälen und in 2,5 cm große Stücke schneiden.

2. Bananenstücke und Kakaopulver in die Küchenmaschine oder in den Mixer geben und rühren, bis eine glatte Masse entsteht. Das dauert 1 bis 2 Minuten.

3. Die Roste des Dörrgeräts mit Backpapier belegen und mit einem Spatel je 20 ml der Mischung zu etwa 15 cm großen Kreisen verstreichen.

4. 2 bis 3 Stunden bei 68 °C dörren, danach die Temperatur auf 46 °C senken und noch weitere 2 bis 4 Stunden dörren, bis die Crêpes sich trocken und lederartig anfühlen. Dabei die Roste ein paar Mal drehen.

5. Zum Servieren Bananenscheiben auf die Crêpes geben, Ahornsirup darüberträufeln und die Crêpes einmal zusammenfalten.

6. Bis zum Servieren in einem luftdichten Behälter im Kühlschrank aufbewahren.

- ▲ ergibt 4–6 Stück
- 🕐 **Vorbereitungszeit:** 30 Min.
- ♨ **Dörrzeit:** 4–7 Std.

Crêpes mit Erdbeeren und Zitronencreme

Zutaten:

Für die Crêpes

- 6 mittelgroße Bananen
- 45 g gemahlener Leinsamen
- 120 ml Wasser

Für die Zitronencreme

- 200 g Cashewkerne
- 1 Bio-Zitrone
- 3 EL Ahornsirup
- Frische Erdbeeren zum Anrichten

Crêpes auf Bananenbasis dürfen auch Allergiker oder Veganer ohne Reue genießen.

Zubereitung:

1. Die Bananen schälen und in 2,5 cm große Stücke schneiden.

2. Bananenstücke und Leinsamen mit dem Wasser in die Küchenmaschine geben und verrühren, bis eine glatte Masse entsteht. Das dauert 1 bis 2 Minuten.

3. Die Roste des Dörrapparats mit Backpapier belegen und mit einem Spatel je 120 ml der Mischung zu etwa 15 cm großen Kreisen verstreichen.

4. 2 bis 3 Stunden bei 68 °C dörren, danach die Temperatur auf 45 °C senken und noch weitere 2 bis 4 Stunden dörren, bis sich die Crêpes trocken und lederartig anfühlen. Dabei die Roste ein paar Mal drehen.

5. In der Zwischenzeit die Cashewkerne in eine mittelgroße Schüssel geben und in leicht gesalzenem Wasser 4 Stunden lang im Kühlschrank einweichen.

6. Die Cashewkerne abspülen und abtropfen lassen. Abgeriebene Schale und Saft der Zitrone in die Küchenmaschine geben, Cashewkerne und Ahornsirup zugeben und zu einer dicken, glatten, cremigen Masse vermischen.

7. Die Erdbeeren waschen, putzen und in Scheiben schneiden.

8. Zum Servieren einen großzügigen Löffel Zitronencreme auf die Crêpes geben. Mit Erdbeerscheiben belegen und die Crêpes einmal zusammenfalten.

9. Bis zum Servieren die Crêpes und die Zitronencreme in luftdichten Behältern im Kühlschrank aufbewahren.

Vorspeisen

Die hier aufgeführten kleinen getrockneten Gerichte eignen sich perfekt als erster Gang bei einem feierlichen Anlass. Sie können sie aber auch einfach so genießen, wenn Sie gerade keine Zeit für eine ganze Mahlzeit haben.

Falafel

▲ ergibt 12 Stück

🕐 **Vorbereitungszeit:** 45 Min.

♨ **Dörrzeit:** 6–8 Std.

Zutaten:

- *2 mittelgroße Karotten*
- *1 kleine Paprikaschote*
- *1 Stangensellerie*
- *65 g geschälte Sonnenblumenkerne, eingeweicht und abgetropft*
- *65 g geschälte Kürbiskerne, eingeweicht und abgetropft*
- *90 g gemahlener Leinsamen*
- *65 g Sesamsamen*
- *20 g frische Petersilie*
- *2 TL gemahlener Kreuzkümmel*
- *1 EL Knoblauchpulver*
- *2 EL Zitronensaft*
- *1 TL Salz*

Diese Falafel sind nicht nur frei von Getreide und Gluten sowie roh und vegan, sie kommen auch vollkommen ohne Hülsenfrüchte und ohne Nüsse aus. Somit das perfekte Steinzeit-Essen für Paleo-Fans! Servieren Sie sie mit Salat oder gegrilltem Gemüse oder zu Tacos.

Zubereitung:

1. Das Gemüse schälen, putzen und in 2,5 cm große Stücke schneiden. Aus der Paprikaschote vorher die Kerne entfernen.

2. Die Gemüsestücke mit allen übrigen Zutaten in die Küchenmaschine geben und mixen, bis alles gut vermischt, aber noch nicht zu glatt ist.

3. Mit einem Esslöffel Portionen entnehmen und mit der Hand flache Plätzchen formen.

4. Die Plätzchen auf die Roste des Dörrapparats geben – nicht zu dicht, damit die Luft gut zirkulieren kann.

5. 6 bis 8 Stunden bei 46 °C dörren und dabei die Roste ein paar Mal drehen. Die fertigen Falafel sollten sich trocken anfühlen, innen aber noch feucht sein.

6. In einem luftdichten Behälter im Kühlschrank aufbewahren.

Tacos

△ **ergibt** 6–8 Stück

🕐 **Vorbereitungszeit:** 15–20 Min.

〰 **Dörrzeit:** 4–7 Std.

Tacos sollen trocken, aber noch biegsam sein. Füllen Sie sie nach Belieben: mit Blattsalat, Tomaten, Guacamole, Falafel (siehe S. 136), Nüssen und Kernen.

Zubereitung:

1. Zwiebel und Karotte schälen, putzen und grob schneiden.

2. Die Gemüsestücke mit allen übrigen Zutaten in der Küchenmaschine zu einer glatten Masse verrühren.

3. Die Mischung in 6 bis 8 Portionen teilen. Die Roste des Dörrapparats mit Backpapier belegen und mit einem Spatel die Portionen zu etwa 15 cm großen Kreisen verstreichen.

4. 2 bis 3 Stunden bei 68 °C dörren, danach die Temperatur auf 46 °C senken und noch weitere 2 bis 4 Stunden dörren. Nach 3 Stunden die Tacos umdrehen und die Roste ein paar Mal drehen. Die fertigen Tacos sollten lederartig trocken, aber noch biegsam sein.

5. Bis zum Servieren in einem luftdichten Behälter im Kühlschrank aufbewahren.

Zutaten:

- *1 kleine Zwiebel*
- *1 mittelgroße Karotte*
- *600 g frische Maiskörner*
- *45 g gemahlener Leinsamen*
- *1 TL gemahlener Kreuzkümmel*
- *1 TL Paprikapulver*
- *½ TL Salz*

Nuss-Gemüse-Riegel

- ▲ **ergibt** 6–8 Stück
- 🕐 **Vorbereitungszeit:** 30–45 Min.
- ♨ **Dörrzeit:** 8–13 Std.

Zutaten:

- 2 mittelgroße Karotten
- 2 mittelgroße Zucchini
- 6 mittelgroße Pilze
- 100 g getrocknete Tomaten
- 200 g Walnüsse, eingeweicht und abgetropft
- 90 g gemahlener Leinsamen
- 1 EL Knoblauchpulver
- 2 EL getrockneter Oregano
- 1 TL Salz

Eine rohe und vegane Frikadellenvariante, vollgepackt mit gesunden Nährstoffen und intensiven Geschmacksnoten. Als Beilage empfiehlt sich eine Mischung aus frischen und getrockneten Tomaten mit frischen Kräutern.

Zubereitung:

1. Karotten schälen und die Enden abschneiden. Die Enden der Zucchini ebenfalls abschneiden. Karotten und Zucchini in 2,5 cm große Stücke schneiden. Die Pilze putzen und vierteln.

2. Die Gemüsestücke in die Küchenmaschine geben und fein hacken.

3. Alle übrigen Zutaten zugeben und weiterrühren, bis alles gut vermischt, aber noch nicht zu glatt ist.

4. Die Masse in 6 bis 8 Portionen teilen und daraus rechteckige Riegel formen, etwa 5 x 5 x 10 cm groß.

5. Die Riegel auf die Roste des Dörrgeräts legen – nicht zu dicht, damit die Luft gut zirkulieren kann.

6. 2 bis 3 Stunden bei 68 °C dörren, danach die Temperatur auf 46 °C senken und noch weitere 6 bis 10 Stunden dörren. Die fertigen Riegel sollten außen trocken, innen aber noch feucht sein.

7. In einem luftdichten Behälter im Kühlschrank aufbewahren.

Gartenpizza

⬡ **ergibt** 2 Stück à 28 cm Durchmesser

◷ **Vorbereitungszeit:** 30–45 Min.

♨ **Dörrzeit:** 8–13 Std.

Auf Pizza verzichten, nur weil Sie sich von rohen Lebensmitteln ernähren wollen oder Allergiker sind? Kommt gar nicht in Frage! Diese Pizza ist roh, vegan, glutenfrei und ohne Getreide. Und den Belag können Sie ganz nach Belieben zusammenstellen.

Zubereitung:

1. Die Enden der Zucchini abschneiden, die Zucchini in 2,5 cm große Stücke schneiden.

2. Zucchinistücke und die übrigen Zutaten für den Boden in die Küchenmaschine geben und mixen, bis der Teig fein, aber nicht zu glatt ist.

3. Die Roste des Dörrgeräts mit Backpapier belegen und die Teigmischung zu zwei großen Kreisen von 5 mm Dicke verstreichen.

4. 2 bis 3 Stunden bei 68 °C dörren, danach die Temperatur auf 46 °C senken und noch weitere 6 bis 10 Stunden dörren. Die Pizzaböden nach der Hälfte der Zeit umdrehen und das Backpapier entfernen.

5. In der Zwischenzeit die Tomaten und die Zwiebel für die Soße hacken.

6. In die Küchenmaschine geben und mit den halb getrockneten Tomaten, den Chia-Samen und dem Basilikum zu einer glatten Masse mixen.

7. Das Gemüse für den Belag in dünne Scheiben und Streifen schneiden und in einer Schüssel mit dem Apfelessig vermischen. An einem warmen Ort einweichen lassen.

8. Die Pizzaböden mit Soße bestreichen und den Belag darauf verteilen.

9. Bis zum Servieren die Böden, die Soße und den Belag in getrennten luftdichten Behältern im Kühlschrank aufbewahren.

Zutaten:

Für den Boden
- 2 mittelgroße Zucchini
- 250 g geschälte Sonnenblumenkerne, eingeweicht und abgetropft
- 130 g heller Leinsamen
- 1 EL frischer Oregano
- 1 EL frischer Thymian
- ½ TL Salz

Für die Soße
- 2 mittelgroße Tomaten
- 1 kleine Zwiebel
- 100 g halb getrocknete Tomaten
- 1 EL Chia-Samen
- 8 Blätter frisches Basilikum
- ½ TL Salz

Für den Belag
- 6 mittelgroße Champignons
- 1 mittelgroße Paprikaschote
- 2 mittelgroße Tomaten
- 2 TL Apfelessig

Desserts

Sie sind ein Leckermäulchen und lieben Süßes? Dann wird
Ihnen dieses Kapitel Freude bereiten, denn hier finden Sie
allerlei Inspirationen für köstliche Süßigkeiten, die noch
dazu gesund sind.

Zitronenkekse

- ▲ **ergibt** 28–30 Stück
- ⏱ **Vorbereitungszeit:** 20–25 Min.
- ♨ **Dörrzeit:** 12–17 Std.

Zutaten:

- 280 g Cashewkerne, eingeweicht und abgetropft
- 200 g Macadamia-Nüsse
- 80 g Chia-Samen
- 2 TL abgeriebene Zitronenschale
- 60 ml Zitronensaft
- 60 ml Ahornsirup

Aromatische Zitronenkekse sind ein schöner Abschluss nach einem guten Essen. Durch die gehackten Macadamia-Nüsse werden sie besonders knackig. Mit anderen Zitrusfrüchten zubereitet erhalten Sie übrigens ebenfalls köstliche Kekse.

Zubereitung:

1. Cashewkerne, 135 g Macadamia-Nüsse, Chia-Samen, Zitronenschale plus -saft und Ahornsirup in die Küchenmaschine geben und mixen, bis alles zusammenhält, aber noch ein wenig Struktur hat.

2. Die Mischung in eine Schüssel geben. Die übrigen Macadamia-Nüsse hacken und untermischen.

3. Mit einem Esslöffel Portionen abstechen und mit den Händen runde Kekse formen.

4. Die Kekse auf die Roste des Dörrautomaten legen – nicht zu dicht, damit die Luft gut zirkulieren kann.

5. 2 bis 3 Stunden bei 68 °C dörren, danach die Temperatur auf 46 °C senken und noch weitere 10 bis 14 Stunden dörren. Dabei die Roste ein paar Mal drehen. Die fertigen Kekse sollten fest und trocken sein.

6. In einem luftdichten Behälter im Kühlschrank aufbewahren.

Aprikosen-Kokos-Kekse

Zutaten:

- 250 g getrocknete Aprikosen
- 170 g getrocknete Kokosflocken
- 140 g Cashewkerne, eingeweicht und abgetropft
- 60 ml Ahornsirup

Aprikose und Kokos sind eine perfekte Kombination und ergeben köstliche kaufreundliche Kekse. Durch die Zugabe größerer Stückchen werden Geschmack und Struktur noch besser.

Zubereitung:

1. 200 g getrocknete Aprikosen, 140 g Kokosflocken, die Cashewkerne und den Ahornsirup in die Küchenmaschine geben und mixen, bis alles gut vermischt, aber noch nicht zu glatt ist.

2. Die übrigen Aprikosen grob hacken und mit den restlichen Kokosflocken zugeben. Noch ein bisschen weiterrühren, um sie gut unterzumischen.

3. Je zwei Esslöffel Teig mit den Händen zu flachen Keksen formen.

4. Die Kekse auf die Roste des Dörrapparats legen – nicht zu dicht, damit die Luft gut zirkulieren kann.

5. 2 bis 3 Stunden bei 68 °C dörren, danach die Temperatur auf 46 °C senken und noch weitere 8 bis 12 Stunden dörren. Dabei die Roste ein paar Mal drehen. Die fertigen Kekse sollten fest und trocken sein.

6. In einem luftdichten Behälter im Kühlschrank aufbewahren.

Apfelkekse

ergibt 18 Stück

Vorbereitungszeit: 45 Min.

Dörrzeit: 10–15 Std.

Der köstliche Geschmack eines ganzen Apfelkuchens ist hier in kleine Kekse gepackt. Sie eignen sich auch gut zum Einfrieren, dann müssen Sie sie vor dem Servieren nur 20 Minuten auftauen lassen.

Zubereitung:

1. Die Äpfel schälen, vom Kerngehäuse befreien und grob hacken. Die Banane schälen und in 2,5 cm große Stücke schneiden.

2. Apfel- und Bananenstücke mit den übrigen Zutaten in die Küchenmaschine geben und mixen, bis alles gut vermischt ist und zusammenhält, aber noch etwas Struktur hat.

3. 15 Minuten ziehen lassen, dann mit einem Eisportionierer Kugeln abstechen.

4. Die Kugeln auf die Roste des Dörrapparats legen – nicht zu dicht, damit die Luft gut zirkulieren kann.

5. 2 bis 3 Stunden bei 68 °C dörren, danach die Temperatur auf 46 °C senken und noch weitere 8 bis 12 Stunden dörren. Dabei die Roste ein paar Mal drehen. Die fertigen Kekse sollten fest und trocken sein.

6. In einem luftdichten Behälter im Kühlschrank aufbewahren.

Zutaten:

- *3 mittelgroße Äpfel*
- *1 kleine reife Banane*
- *6 frische Datteln, entsteint*
- *150 g Mandeln, eingeweicht und abgetropft*
- *140 g Cashewkerne, eingeweicht und abgetropft*
- *90 g gemahlener Leinsamen*
- *2 EL Zitronensaft*
- *2 TL gemahlener Zimt*
- *2 TL gemischte Gewürze*

Schoko-Shortbread

Zutaten:

- *140 g getrocknete Kokosflocken*
- *110 g Pecan- oder Walnüsse, eingeweicht und abgetropft*
- *120 ml Honig*
- *25 g gemahlener Leinsamen*
- *20 g Kakaopulver*
- *1 TL Vanillepulver*

Wunderbar mürbe wie echtes Buttergebäck, dabei aber dennoch roh, glutenfrei und ohne Getreide! Durch Zugabe von ein paar getrockneten Kirschen oder gehackten Macadamia-Nüssen, bevor Sie die Kekse formen, können Sie ihnen noch einen zusätzlichen Kick verpassen.

Zubereitung:

1. Kokosflocken und Pecannüsse in die Küchenmaschine geben und mixen, bis die Mischung die Konsistenz von Paniermehl hat.

2. Die übrigen Zutaten zugeben und weitermixen, bis alles gerade so vermischt ist.

3. Je 2 Esslöffel voll zu runden Keksbällchen formen.

4. Die Kekse auf die Roste des Dörrapparats legen – nicht zu dicht, damit die Luft gut zirkulieren kann.

5. 2 bis 3 Stunden bei 68 °C dörren, danach die Temperatur auf 46 °C senken und noch weitere 10 bis 14 Stunden dörren. Dabei die Roste ein paar Mal drehen. Die fertigen Kekse sollten fest und trocken sein.

6. In einem luftdichten Behälter im Kühlschrank aufbewahren.

Cashew-Kekse mit Karamellfüllung

⬠ **ergibt** 12 Stück

🕐 **Vorbereitungszeit:** 45 Min.

♨ **Dörrzeit:** 10–15 Std.

Diese Cashew-Kekse sind sandwichartig mit weicher Karamellmasse gefüllt. Die Zubereitung der dekadenten Karamellfüllung aus frischen Datteln und Cashewkernen dauert ein Weilchen, aber die Mühe lohnt sich!

Zubereitung:

1. Cashewkerne und Kokosflocken in die Küchenmaschine geben und mixen, bis die Mischung die Konsistenz von Paniermehl hat.

2. Datteln und Honig zugeben und weitermixen, bis alles vermischt ist und gut zusammenhält.

3. Mit einem Esslöffel Teigportionen abstechen und mit den Händen zu Kugeln formen.

4. Die Kugeln auf die Roste des Dörrapparats legen – nicht zu dicht, damit die Luft gut zirkulieren kann. Mit einer Gabel leicht flach drücken.

5. 2 bis 3 Stunden bei 68 °C dörren, danach die Temperatur auf 46 °C senken und noch weitere 8 bis 12 Stunden dörren. Dabei die Roste ein paar Mal drehen. Die fertig gedörrten Kekse sollten fest und trocken sein.

6. In der Zwischenzeit alle Zutaten für die Füllung in die Küchenmaschine geben und mixen, bis die Masse glatt und klebrig ist wie dickes Karamell.

7. Teelöffelweise kleine Portionen der Karamellmasse auf die Hälfte der Kekse geben und mit der anderen Hälfte der Kekse bedecken.

8. In einem luftdichten Behälter im Kühlschrank aufbewahren.

Zutaten:

Für die Kekse

- *280 g Cashewkerne, eingeweicht und abgetropft*
- *120 g frische Kokosflocken*
- *8 frische Datteln, entsteint*
- *1 EL Honig*

Für die Karamellfüllung

- *70 g Cashewkerne*
- *10 frische Datteln, entsteint*
- *½ TL Vanillepulver*
- *¼ TL Salz*

Schoko-Vanille-Riegel

ergibt 8 Stück

Vorbereitungszeit: 45 Min.

Dörrzeit: 12–17 Std.

Zutaten:

- *1 Banane*
- *130 g geschälte Sonnenblumenkerne*
- *140 g Cashewkerne*
- *45 g gemahlener Leinsamen*
- *60 ml Ahornsirup*
- *20 g Kakaopulver*
- *1 TL Vanillepulver*

Aus Cashew- und Sonnenblumenkernen lassen sich wunderbare Trockenriegel herstellen. Weichen Sie die Kerne vorher ein, dann werden sie weicher und sind leichter zu verarbeiten. Die Riegel lassen sich besonders gut formen, wenn Sie den Teig vorher in eine Kastenform drücken.

Zubereitung:

1. Die Banane schälen und in 2,5 cm große Stücke schneiden.

2. Mit den übrigen Zutaten in die Küchenmaschine geben und mixen, bis die Masse gut durchgearbeitet ist und fest zusammenhält, aber trotzdem noch etwas Struktur hat.

3. Eine Kastenform (20 cm) mit Backpapier auslegen und den Teig fest hineindrücken.

4. Den Teig mithilfe des Backpapiers aus der Form nehmen und nun in Riegel von 2,5 x 10 cm Größe schneiden.

5. Die Riegel auf die Roste des Dörrgeräts legen – nicht zu dicht, damit die Luft gut zirkulieren kann.

6. 2 bis 3 Stunden bei 68 °C dörren, danach die Temperatur auf 46 °C senken und noch weitere 10 bis 14 Stunden dörren. Dabei die Roste ein paar Mal drehen. Die fertigen Riegel sollten fest und trocken sein.

7. In einem luftdichten Behälter im Kühlschrank aufbewahren.

Energieriegel

⬛ **ergibt** 16 Stück

⬤ **Vorbereitungszeit:** 35 Min.

〰 **Dörrzeit:** 10–15 Std.

Die Kombination aus Früchten und Nüssen macht diese Riegel zu echten Energiebomben. Sie sind eine schöne Zwischenmahlzeit am Nachmittag und dabei lecker und gesund zugleich.

Zutaten:

- *150 g Mandeln*
- *50 g Walnüsse*
- *110 g Pecannüsse*
- *10 frische Datteln, entsteint*
- *110 g frische Himbeeren*
- *50 g Goji-Beeren*
- *50 g getrocknete Apfelstückchen*

Zubereitung:

1. Nüsse und Datteln in die Küchenmaschine geben und mixen, bis alles gut durchgearbeitet ist und zusammenhält, aber dennoch etwas Struktur hat.

2. Die übrigen Zutaten zugeben und kurz weitermixen, bis sie grob gehackt und gut untergemischt sind.

3. Eine Kastenform (20 cm) mit Backpapier auslegen, den Teig fest hineindrücken.

4. Den Teig mithilfe des Backpapiers aus der Form nehmen und in Riegel von 2,5 x 10 cm Größe schneiden.

5. Die Riegel auf die Roste des Dörrgeräts legen – nicht zu dicht, damit die Luft gut zirkulieren kann.

6. 2 bis 3 Stunden bei 68 °C dörren, danach die Temperatur auf 46 °C senken und noch weitere 8 bis 12 Stunden dörren. Dabei die Roste ein paar Mal drehen. Die fertigen Riegel sollten fest und trocken sein.

7. In einem luftdichten Behälter im Kühlschrank aufbewahren.

Sandkekse mit Pecannüssen

Zutaten:

- *225 g Pecannüsse, eingeweicht und abgetropft*
- *6 frische Datteln, entsteint*
- *2 EL Honig*
- *1 EL gemahlene Chia-Samen*
- *1 TL Vanillepulver*
- *1 TL gemahlener Zimt*
- *Halbierte Pecannüsse zum Dekorieren*

Sandkekse sind ein amerikanischer Klassiker. Hier finden Sie eine rohe, gluten- und getreidefreie Variante. Im Kühlschrank halten sie sich etwa eine Woche, Sie können sie aber auch einfrieren und somit länger aufbewahren.

Zubereitung:

1. Alle Zutaten außer den Nüssen für die Dekoration in die Küchenmaschine geben und mixen, bis die Mischung gut durchgearbeitet ist und zusammenhält, aber noch Struktur hat.

2. Zwei Esslöffel große Teigportionen abstechen und mit den Händen zu Kugeln formen.

3. Die Kugeln auf die Roste des Dörrapparats legen – nicht zu dicht, damit die Luft gut zirkulieren kann.

4. Auf jede Kugel eine halbe Pecannuss drücken.

5. 2 bis 3 Stunden bei 68 °C dörren, danach die Temperatur auf 46 °C senken und noch weitere 10 bis 14 Stunden dörren. Dabei die Roste ein paar Mal drehen. Die fertigen Kekse sollten fest und trocken sein.

6. In einem luftdichten Behälter im Kühlschrank aufbewahren.

Walnuss-Ahorn-Törtchen mit Beeren

⚠ **ergibt** 24 Stück

🕐 **Vorbereitungszeit:** 45 Min.

♨ **Dörrzeit:** 4–7 Std.

Die Törtchen sind mit einer köstlichen rohen „Marmelade" aus frischen Beeren gefüllt: das perfekte gesunde Dessert.

Zubereitung:

1. Für die Torteletts Walnüsse, Cashewkerne, Leinsamen, Chia und Ahornsirup in die Küchenmaschine geben und mixen, bis alles gut durchgearbeitet ist und zusammenhält, aber noch Struktur hat.

2. 10 Minuten fest werden lassen.

3. Eine kleine Tortelett-Form mit Frischhaltefolie auslegen und in Esslöffelportionen mit der Hand Teig hineindrücken, sodass sich eine Törtchenform ergibt. Die Torteletts vorsichtig mithilfe der Folie aus der Form nehmen. So weiterarbeiten, bis der gesamte Teig aufgebraucht ist.

4. Die Törtchen auf die Roste des Dörrapparats legen – nicht zu dicht, damit die Luft gut zirkulieren kann.

5. 2 bis 3 Stunden bei 68 °C dörren, danach die Temperatur auf 46 °C senken und noch weitere 2 bis 4 Stunden dörren. Dabei die Roste ein paar Mal drehen, bis die Törtchen trocken sind.

6. In der Zwischenzeit alle Zutaten für die Füllung in die Küchenmaschine geben und mixen, bis die Mischung glatt ist.

7. Die Beerenmischung in einem luftdichten Behälter im Kühlschrank gelieren lassen.

8. Zum Servieren die Törtchen mit Beerenmischung füllen und mit ein paar Beeren dekorieren.

9. Törtchen und Beerenmischung in separaten luftdichten Behältern im Kühlschrank aufbewahren.

Zutaten:

Für die Torteletts
- *200 g Walnüsse, eingeweicht und abgetropft*
- *140 g Cashewkerne, eingeweicht und abgetropft*
- *45 g gemahlener Leinsamen*
- *2 EL gemahlene Chia-Samen*
- *60 ml Ahornsirup*

Für die Beerenfüllung
- *130 g frische Blaubeeren*
- *110 g frische Himbeeren*
- *2 EL Chia-Samen*
- *Frische Beeren zum Dekorieren*

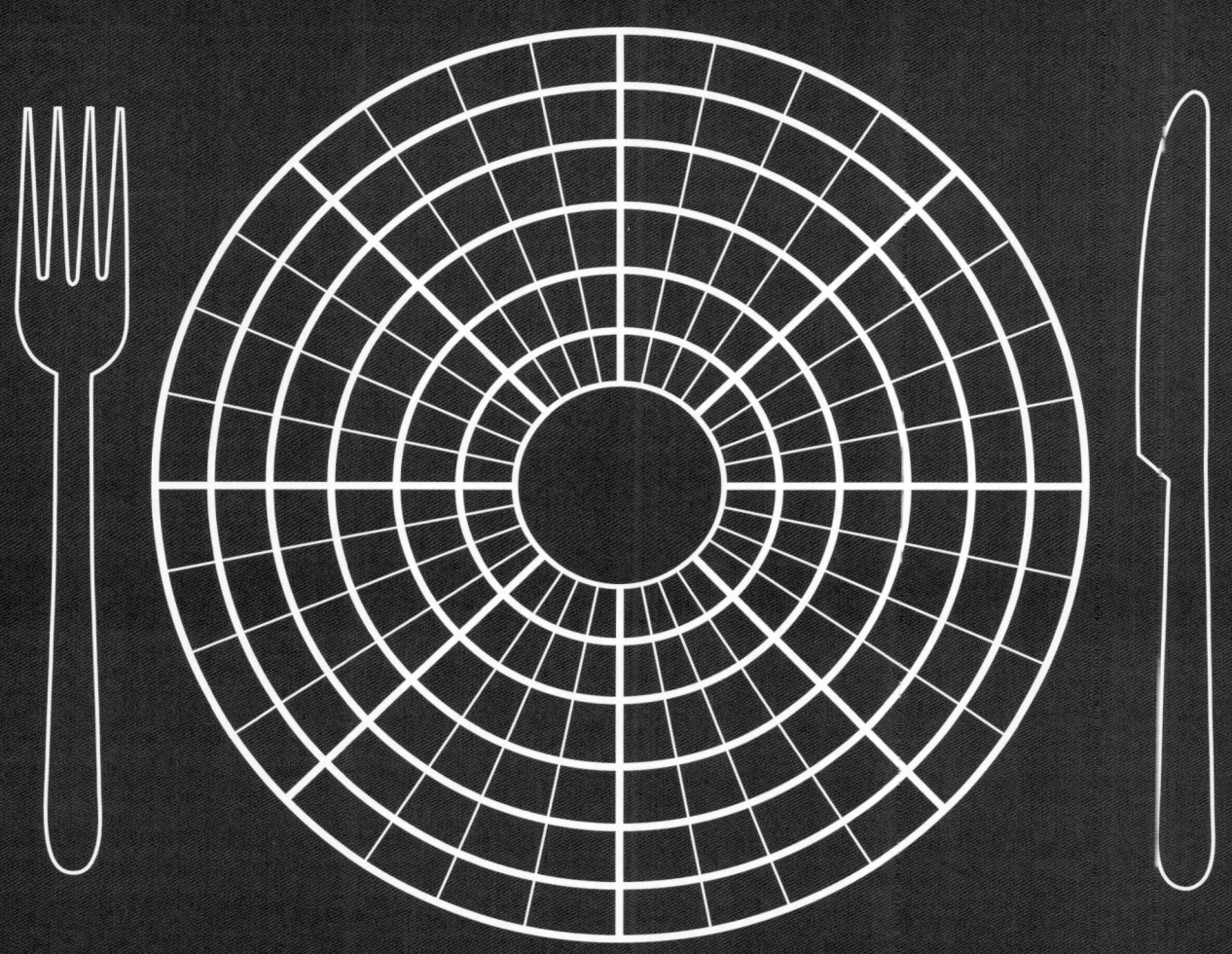

Hauptgerichte

In diesem Kapitel finden Sie köstliche Gerichte, die Sie im Dörrautomat für eine spätere Verwendung trocknen können. Trockengerichte behalten ihr Aroma, wiegen nicht viel und sind lange haltbar. Mit diesen Rezepten machen Sie Ihre nächste Camping- oder Wandertour zur Gourmetreise.

Nudelsoße mit Speck und Tomaten

- ⚠ **ergibt** 4 Portionen
- 🕐 **Vorbereitungszeit:** 90 Min.
- ♨ **Dörrzeit:** 10–18 Std.

Zutaten:

- 4 Scheiben Speck
- 2 mittelgroße Zwiebeln
- 2 Knoblauchzehen
- 1 kleine Chilischote
- 1 EL Olivenöl
- 2 EL Tomatenmark
- 480 g gehackte Tomaten aus der Dose
- ½ TL Salz
- ½ TL schwarzer Pfeffer aus der Mühle
- 2 EL frisches Basilikum, gehackt

Um die getrocknete Soße zuzubereiten, geben Sie sie einfach mit Wasser im Verhältnis 1:1 in einen Topf und lassen sie 1 Stunde einweichen, rühren Sie dabei gelegentlich um und geben Sie, falls nötig, noch etwas Wasser dazu. Anschließend die Soße langsam erhitzen und aufkochen. In der Zwischenzeit können Sie Nudeln kochen, die Sie dann mit der Soße servieren.

Zubereitung:

1. Den Speck in 1 cm große Stücke schneiden.

2. Zwiebeln schälen und in 1 cm große Würfel schneiden. Knoblauch schälen und fein hacken. Die Chilischote in feine Ringe schneiden.

3. In einer großen Bratpfanne bei mittlerer Hitze das Olivenöl heiß werden lassen. Den Speck zugeben und braten, bis er goldgelb und knusprig ist. Das dauert etwa 5 bis 10 Minuten.

4. Zwiebeln, Knoblauch und Chili zugeben und braten, bis sie weich werden und Farbe annehmen. Das dauert etwa 10 Minuten.

5. Tomatenmark, Dosentomaten, Salz und Pfeffer zugeben und aufkochen lassen. Etwa 20 Minuten köcheln und so die Soße reduzieren.

6. Das Basilikum zugeben, umrühren und den Herd abschalten.

7. Die Roste des Dörrapparats mit Backpapier belegen und die Soße dünn darauf verstreichen.

8. 10 bis 18 Stunden bei 68 °C dörren, dabei die Roste ein paar Mal drehen und mit einem Löffel größere Stücke aufbrechen und verteilen, damit die Soße gleichmäßig durchtrocknet.

9. In einem luftdichten Behälter bei Zimmertemperatur aufbewahren.

Herzhaftes Rinderragout

△ **ergibt** 4–6 Portionen

🕐 **Vorbereitungszeit:** 90 Min.

♨ **Dörrzeit:** 10–18 Std.

Je magerer das Rindfleisch, desto kürzer ist die Dörrzeit. Um das Ragout zuzubereiten, geben Sie es mit Wasser im Verhältnis 1:1 in einen Topf und lassen es 1 Stunde einweichen, rühren Sie dabei gelegentlich um und geben Sie, falls nötig, noch etwas Wasser dazu. Dann bei mittlerer Hitze langsam erwärmen, bis es anfängt zu köcheln. Und dann geht's zu Tisch!

Zubereitung:

1. Zwiebeln und Karotten schälen, die Enden abschneiden, und in 1 cm große Würfel schneiden. Den Sellerie putzen und in 1 cm große Würfel schneiden. Den Knoblauch schälen und fein hacken. Die Kartoffeln schälen und in 1 cm große Stücke schneiden.

2. In einer großen Bratpfanne bei mittlerer Hitze das Olivenöl heiß werden lassen. Zwiebeln, Karotten, Sellerie und Knoblauch hinein-geben und braten, bis sie weich werden und Farbe annehmen. Das dauert 5 bis 10 Minuten.

3. Das Hackfleisch zugeben und braten, bis es braun wird. Das dauert etwa 10 Minuten. Mehl über das Fleisch streuen und noch 5 Minuten weiterbraten.

4. Kartoffeln, Brühe und Gewürze zugeben und aufkochen lassen. Dann die Hitze reduzieren und 45 bis 60 Minuten köcheln lassen, bis das Gemüse gar und das Ragout eingedickt ist.

5. Die Roste des Dörrapparats mit Backpapier belegen und das Ragout dünn darauf verstreichen.

6. 10 bis 18 Stunden bei 68 °C dörren, dabei die Roste ein paar Mal dre-hen und mit einem Löffel größere Stücke aufbrechen und verteilen, damit das Ragout gleichmäßig durchtrocknet.

7. In einem luftdichten Behälter bei Zimmertemperatur aufbewahren.

Zutaten:

- 2 mittelgroße Zwiebeln
- 2 mittelgroße Karotten
- 1 Stange Sellerie
- 2 Knoblauchzehen
- 3 große Kartoffeln
- 1 EL Olivenöl
- 900 g mageres Rinderhackfleisch
- 2 EL Mehl
- 720 ml Rinderbrühe
- 1 EL getrockneter Oregano
- 1 TL Salz
- 1 TL schwarzer Pfeffer aus der Mühle

Gemüsecurry

Zutaten:

- 2 mittelgroße Zwiebeln
- 2 mittelgroße Karotten
- 8 mittelgroße Pilze
- 1 große Aubergine
- 2 Knoblauchzehen
- 2 kleine Chilischoten
- 1 große Süßkartoffel
- 2 EL Olivenöl
- 1 EL Currypulver
- 1 TL Salz
- 1 TL schwarzer Pfeffer aus der Mühle
- 2 EL Tomatenmark
- 480 ml Gemüsebrühe

Um das Curry zuzubereiten, geben Sie es einfach mit Wasser im Verhältnis 1:1 in einen Topf und lassen es 1 Stunde einweichen, rühren Sie dabei gelegentlich um und geben Sie, falls nötig, noch etwas Wasser dazu. Das Curry dann langsam erhitzen, bis es anfängt zu köcheln. Mit Reis servieren.

Zubereitung:

1. Zwiebeln und Karotten schälen, die Enden abschneiden. Zwiebeln und Karotten in 1 cm große Würfel schneiden. Die Pilze und die Aubergine ebenfalls in 1 cm große Würfel schneiden. Den Knoblauch schälen und fein hacken. Die Chilischote in feine Ringe schneiden. Die Süßkartoffel schälen und in 1 cm große Stücke schneiden.

2. In einer großen Bratpfanne bei mittlerer Hitze das Olivenöl heiß werden lassen. Zwiebeln, Karotten, Pilze, Aubergine, Knoblauch und Chilischote hineingeben und braten, bis alles weich wird und Farbe annimmt. Das dauert etwa 5 bis 10 Minuten.

3. Currypulver, Salz und Pfeffer zugeben und braten, bis es duftet. Das dauert 2 bis 5 Minuten.

4. Die Süßkartoffel, Tomatenmark, und Brühe zugeben und aufkochen lassen. Etwa 30 bis 45 Minuten köcheln lassen, bis das Curry einreduziert und das Gemüse gar ist.

5. Die Roste des Dörrapparats mit Backpapier belegen und das Curry dünn darauf verstreichen.

6. 10 bis 18 Stunden bei 68 °C dörren, dabei die Roste ein paar Mal drehen und mit einem Löffel größere Stücke aufbrechen und verteilen, damit das Curry gleichmäßig durchtrocknet.

7. In einem luftdichten Behälter bei Zimmertemperatur aufbewahren.

Pilzrisotto

ergibt **4** Portionen

Vorbereitungszeit: 90 Min.

Dörrzeit: 10–18 Std.

Zutaten:

- *1 große Zwiebel*
- *2 Knoblauchzehen*
- *5 mittelgroße Steinpilze*
- *8 kleine Champignons*
- *2 EL Olivenöl*
- *360 g Risottoreis*
- *120 ml Weißwein*
- *960 ml heiße Gemüsebrühe*
- *½ TL Salz*
- *½ TL schwarzer Pfeffer aus der Mühle*
- *2 EL Petersilie, gehackt*

Um das Risotto zuzubereiten, geben Sie es einfach mit Wasser im Verhältnis 1:1 in einen Topf und lassen es 1 Stunde einweichen, rühren Sie dabei gelegentlich um und geben Sie, falls nötig, noch etwas Wasser dazu. Das Risotto dann langsam erhitzen, bis es zu köcheln anfängt. Mit geriebenem Parmesan servieren.

Zubereitung:

1. Die Zwiebel schälen und in 1 cm große Würfel schneiden. Den Knoblauch schälen und fein hacken. Die Pilze halbieren und in 5 mm dicke Scheiben schneiden.

2. In einer großen Bratpfanne bei mittlerer Hitze das Olivenöl heiß werden lassen. Zwiebeln und Knoblauch hineingeben und braten, bis alles weich wird und Farbe annimmt. Das dauert etwa 5 bis 10 Minuten.

3. Die Pilze und den Reis zugeben und braten, bis die Pilze weich werden und der Reis durchsichtig wird. Das dauert etwa 10 Minuten.

4. Weißwein zugeben und rühren, bis er aufgesogen ist. Tassenweise die Brühe zugeben und jeweils weiterrühren, bis auch sie aufgesogen ist. Erst dann die nächste Tasse dazugeben.

5. Sobald die gesamte Flüssigkeit aufgenommen ist, prüfen, ob der Reis gar ist. Sonst noch etwas mehr Wasser dazugeben. Mit Salz und Pfeffer abschmecken und die Petersilie einrühren.

6. Die Roste des Dörrgeräts mit Backpapier belegen und das Risotto dünn darauf verstreichen.

7. 10 bis 18 Stunden bei 68 °C dörren, dabei die Roste ein paar Mal drehen und mit einem Löffel größere Stücke aufbrechen und verteilen, damit die Soße gleichmäßig durchtrocknet.

8. In einem luftdichten Behälter bei Zimmertemperatur aufbewahren.

Für Ihre Lieblingstiere

Haustiere sind quasi Familienmitglieder, warum sollten
also nicht auch sie getrocknete Leckerchen bekommen?
Dabei wissen Sie, was drin ist, und können ein Auge haben
auf die Gesundheit ihres Tiers.

Leber-Leckerchen

- ◬ **Portionen:** variabel
- ◷ **Vorbereitungszeit:** Je nach Menge
- ♨ **Dörrzeit:** 6–8 Std.

Zutaten:

- *Leber in für Ihren Dörrautomat passender Menge*

Hunde und Katzen lieben Leber. Sie können die Stückchen als Belohnung beim Training verteilen oder auch einfach so, wenn Sie Ihren Liebling verwöhnen möchten. Für dieses Rezept können Sie jede Art von Leber verwenden: Rind, Geflügel, Lamm.

Zubereitung:

1. Die Leber in 5 mm dicke Scheiben und dann in 5 cm große Stücke schneiden.

2. Auf die Roste des Dörrapparats legen – nicht zu dicht, damit die Luft gut zirkulieren kann.

3. 6 bis 8 Stunden bei 68 °C dörren und dabei die Roste ein paar Mal drehen, bis die Leber ganz trocken ist.

4. In einem luftdichten Behälter bei Zimmertemperatur aufbewahren.

Gesunde Körnermischung für Tiere

◬ **Portionen:** variabel

🕐 **Vorbereitungszeit:** 20–25 Min.

♨ **Dörrzeit:** 6–8 Std.

Diese Mischung ist sowohl für Vögel als auch für Nager geeignet. Sie können Sie draußen an einen Baum hängen und damit Ihren Gartenvögeln eine Freude bereiten. Aber auch Ihr Kaninchen oder Ihr Meerschweinchen wird sie lieben.

Zutaten:

- *1 EL gemahlene Gelatine*
- *150 g Mehl*
- *180 ml Wasser*
- *2 EL Honig*
- *900 g Vogelfutter*

Zubereitung:

1. Gelatine, Mehl, Wasser und Honig in einer Schüssel gründlich mischen.

2. Das Vogelfutter zugeben und rühren, bis alle Kerne gleichmäßig mit der Gelatinemischung überzogen sind.

3. Die Roste des Dörrgeräts mit Backpapier belegen und Ausstechförmchen darauflegen. Die Förmchen mit der Mischung füllen und mit einem Löffel fest andrücken. Die Roste nicht zu dicht belegen, damit die Luft gut zirkulieren kann.

4. 6 bis 8 Stunden bei 52 °C dörren und dabei die Roste ein paar Mal drehen, bis die Mischung ganz trocken ist.

5. Die Körnerkuchen aus den Förmchen lösen.

6. In einem luftdichten Behälter bei Zimmertemperatur aufbewahren.

Süßkartoffel-Leckerchen

⚠ **Portionen:** variabel

🕐 **Vorbereitungszeit:** Je nach Menge

♨ **Dörrzeit:** 6–8 Std.

Zutaten:

- *Süßkartoffeln in für Ihren Dörrautomat passender Menge*

Hunde lieben solche Süßkartoffel-Leckerchen, und Sie freuen sich natürlich auch über eine gesunde, preiswerte Art, Ihren Hund zu belohnen. Für dieses Rezept müssen Sie die Süßkartoffeln nicht schälen, kräftiges Abwaschen genügt.

Zubereitung:

1. Die Süßkartoffeln waschen und längs in 5 mm dicke Scheiben schneiden.

2. Auf die Roste des Dörrgeräts legen – nicht zu dicht, damit die Luft gut zirkulieren kann.

3. 6 bis 8 Stunden bei 52 °C dörren und dabei die Roste ein paar Mal drehen, bis die Stücke ganz trocken sind.

4. In einem luftdichten Behälter bei Zimmertemperatur aufbewahren.

Welpen-Leckerchen

⚠ **ergibt** 900 g

🕐 **Vorbereitungszeit:** 20–30 Min.

♨ **Dörrzeit:** 6–8 Std.

Ein köstliches, gesundes Futter für Ihren Welpen. Er wird es lieben, und Sie haben so ein gesundes Beifutter zum Fleisch oder eine prima Belohnung fürs Training parat.

Zubereitung:

1. Karotte, Bohnen, Erbsen und Apfel in einer großen Schüssel gut mischen.

2. In einer zweiten Schüssel Öl, Eier, Milch und Brühwürfel mischen. Zu der Gemüsemischung geben und alles gut verrühren.

3. Mehl und Haferflocken zugeben und alles zu einem festen Teig vermischen.

4. Den Teig zu 2,5 cm dicken Würsten formen und in 2,5 cm dicke Scheiben schneiden.

5. Auf die Roste des Dörrapparats legen – nicht zu dicht, damit die Luft gut zirkulieren kann.

6. 6 bis 8 Stunden bei 52 °C dörren und dabei die Roste ein paar Mal drehen, bis die Stücke ganz trocken und hart sind.

7. In einem luftdichten Behälter bei Zimmertemperatur aufbewahren.

Zutaten:

- *1 mittelgroße Karotte, geraspelt*
- *135 g fein gehackte grüne Bohnen*
- *135 g Erbsen*
- *1 mittelgroßer Apfel, geraspelt*
- *120 ml Öl*
- *2 Eier*
- *360 ml Milch*
- *2 Brühwürfel, zerkrümelt*
- *600 g Mehl*
- *270 g Haferflocken*

- **Portionen:** variabel
- **Vorbereitungszeit:** Je nach Menge
- **Dörrzeit:** 6–8 Std.

Lachshaut-Leckerchen

Zutaten:

- *Lachshaut in für Ihren Dörrautomat passender Menge*

Für dieses Rezept können Sie die Haut aus dem Lachs-Jerky-Rezept von Seite 76 verwenden. Katzen wie Hunde lieben die Lachshaut-Leckerchen, und das Fischöl ist gut fürs Fell und für die Gesundheit

Zubereitung:

1. Die Lachshaut in 2,5 cm breite und 10 cm lange Streifen schneiden.

2. Auf die Roste des Dörrapparats legen – nicht zu dicht, damit die Luft gut zirkulieren kann.

3. 6 bis 8 Stunden bei 68 °C dörren und dabei die Roste ein paar Mal drehen, bis die Lachshaut ganz trocken und knusprig ist.

4. In einem luftdichten Behälter bei Zimmertemperatur aufbewahren.

- **Portionen:** variabel
- **Vorbereitungszeit:** Je nach Menge
- **Dörrzeit:** 6–8 Std.

Hähnchen-Leckerchen

Zutaten:

- *Hähnchenfleisch in für Ihren Dörrautomat passender Menge*

Mit diesen Leckerchen machen Sie sich bei Hunden und bei Katzen beliebt. Es ist viel preiswerter als gekaufte Ware, und Sie wissen genau, was drin ist.

Zubereitung:

1. Das Hähnchenfleisch in 5 mm breite Streifen schneiden.

2. Auf die Roste des Dörrgeräts legen – nicht zu dicht, damit die Luft gut zirkulieren kann.

3. 6 bis 8 Stunden bei 68 °C dörren und dabei die Roste ein paar Mal drehen, bis das Fleisch ganz trocken ist.

4. In einem luftdichten Behälter bei Zimmertemperatur aufbewahren.

Und sonst ...

Warum sollten Sie sich beim Dörren auf fertige Gerichte beschränken? Der Dörrapparat ist auch sehr nützlich bei der Zubereitung von Grundzutaten und sogar von Substanzen, die nicht zum Essen gedacht sind. In diesem Kapitel finden Sie einige Ideen für Ihren Haushalt.

Zitronengras-Ingwer-Tee

△ **ergibt** 25–50 g getrockneten Tee

🕐 **Vorbereitungszeit:** 15–20 Min.

〰 **Dörrzeit:** 2–4 Std.

Zutaten:

- *6 Stängel Zitronengras*
- *7,5 cm frischer Ingwer*

Wenn Sie größere Mengen Kräuter ernten, können Sie sie als Tee-mischung dörren und aufbewahren. Ihrer Fantasie sind keine Grenzen gesetzt, und Sie müssen auch nicht nur Kräuter verwenden. Versuchen Sie es mal mit getrockneten Zitrusschalen oder mit Früchten.

Zubereitung:

1. Das Zitronengras waschen und mit einem scharfen Messer in 5 mm breite Streifen schneiden.

2. Den Ingwer schälen, längs vierteln und in 3 mm große Stücke schneiden.

3. Auf die Roste des Dörrgeräts legen – nicht zu dicht, damit die Luft gut zirkulieren kann.

4. 2 bis 4 Stunden bei 46 °C dörren und dabei die Roste ein paar Mal drehen.

5. In einem luftdichten Behälter bei Zimmertemperatur aufbewahren.

Joghurt

△ **ergibt** 2 Liter

🕐 **Vorbereitungszeit:** 10–15 Min.

♨ **Dörrzeit:** 6–8 Std.

Weshalb sollten Sie Joghurt kaufen, wenn Sie ihn so einfach und günstig selbst zubereiten können? Mit diesem Rezept als Grundlage können Sie alle Geschmacksrichtungen herstellen: mit Fruchtpüree oder frischen Früchten, mit Konfitüre, Nüssen, Trockenfrüchten – die Möglichkeiten sind endlos.

Zutaten:

- *125 g Milchpulver*
- *2 Liter frische Milch*
- *60 ml Joghurt*

Zubereitung:

1. Milchpulver und Milch in einem Topf langsam bis kurz vor dem Kochen erhitzen.

2. Vom Herd nehmen, auf 46 °C abkühlen lassen (mit dem Thermometer prüfen).

3. Den Joghurt zugeben und kräftig einrühren.

4. In kleine Behälter geben, in denen sie den Yoghurt aufbewahren wollen, mit Frischhaltefolie bedecken und in den Dörrapparat stellen.

5. 6 bis 8 Stunden bei 46 °C ziehen lassen, den Joghurt in dieser Zeit nicht bewegen.

6. Im Kühlschrank aufbewahren.

Nudeln trocknen

△ **ergibt** 4–6 Portionen

🕐 **Vorbereitungszeit:** 1 Stunde

♨ **Dörrzeit:** 2–4 Std.

Zutaten:

- *600 g Mehl*
- *½ TL Salz*
- *6 Eier*

Was gibt es Besseres als selbst gemachte Nudeln? Und mit Ihrem Dörrapparat geht das Trocknen ganz einfach. Um die Nudeln später zu verwenden, kochen Sie sie ganz genauso wie sonst auch und kombinieren sie mit Ihrer Lieblingssoße.

Zubereitung:

1. Mehl und Salz auf der Arbeitsfläche aufhäufen. Eine Vertiefung in die Mitte drücken und die Eier hineingeben.

2. Mit einer Gabel das Mehl und die Eier zu einem weichen Teig vermischen.

3. Wenn der Teig fest genug ist, um ihn zu kneten, weiteres Mehl zugeben, bis Sie eine glatte, feste, elastische Kugel haben.

4. Den Teig in eine kleine Schüssel legen, mit Frischhaltefolie bedecken und 30 Minuten ruhen lassen.

5. Den Teig vierteln, jedes Viertel mit den Händen flach drücken und mit Mehl bestäuben, damit nichts anklebt.

6. Mit einer Nudelmaschine auf weitester Einstellung die Teigstücke ausrollen, doppelt zusammenfalten und noch einmal ausrollen.

7. Diesen Schritt noch drei Mal wiederholen, dabei die Viertel immer wieder um eine Viertelumdrehung drehen.

8. Die Nudelmaschine auf die nächste Einstellung setzen und wieder das Teigblatt ausrollen. So mit immer dünnerer Einstellung fortfahren, bis die Nudelblätter nur noch etwa 1 mm dick sind. Weiterhin mit Mehl bestäuben, wenn nötig.

9. Die Blätter mit dem Schneideaufsatz der Nudelmaschine oder mit einem scharfen Messer zu mehr oder weniger breiten Nudeln schneiden. Weiterhin immer wieder mit Mehl bestäuben.

10. Die Nudeln auf die Roste des Dörrapparats legen – nicht zu dicht, damit die Luft gut zirkulieren kann.

11. 2 bis 4 Stunden bei 57 °C dörren und dabei die Roste ein paar Mal drehen, bis die Nudeln ganz trocken sind.

12. In einem luftdichten Behälter bei Zimmertemperatur aufbewahren.

Brotteig gehen lassen

⚠ **ergibt** 1 Laib

🕐 **Vorbereitungszeit:** 2 Std. 45 Min.

〰 **Dörrzeit:** 75 Min.

Zutaten:

- *360 ml warmes Wasser*
- *1 EL Trockenhefe*
- *2 TL Zucker*
- *600 g Mehl der Type 1050*
- *½ TL Salz*
- *1 EL Olivenöl*

Ihr Dörrautomat bietet die perfekte Umgebung zum Gehenlassen von Brotteig. So erzielen Sie immer wieder perfekte Ergebnisse. Sie können den Dörrapparat natürlich auch für jedes andere Brotrezept verwenden.

Zubereitung:

1. Das Dörrgerät auf 46 °C vorheizen. Eine flache Schale mit Wasser auf den Boden des Dörrgeräts stellen. Eine 10 x 22 cm große Brotbackform einfetten.

2. 360 ml handwarmes Wasser, Hefe und Zucker in einem Becher kräftig verrühren. An einen warmen Ort stellen, bis die Mischung zu schäumen beginnt, das dauert etwa 10 Minuten.

3. Mehl und Salz in eine große Schüssel geben, eine Vertiefung in die Mitte drücken und die Hefemischung hineingießen. Mit einem Löffel vermischen, bis sich der Teig verbindet, dann mit den Händen zu einem weichen Teig verkneten.

4. Den Teig auf eine leicht bemehlte Oberfläche geben und 10 bis 15 Minuten kneten, bis er glatt und elastisch ist.

5. Zu einer Kugel formen und mit Olivenöl einreiben. In eine große Schüssel geben und mit Frischhaltefolie abdecken.

6. Die Schüssel auf den Rost des Dörrapparats stellen und den Teig gehen lassen, bis er sein Volumen verdoppelt hat. Das dauert 30 bis 45 Minuten.

7. Den Teig herausnehmen und auf eine leicht bemehlte Oberfläche geben. Nochmals kneten, bis der Teig geschmeidig ist, dann zu seinem Laib formen. Den Brotlaib in die Backform geben und noch einmal 30 Minuten im Dörrapparat gehen lassen.

8. Während dieser zweiten Gehzeit den Backofen auf 180 °C vorheizen.

9. Das Brot 35 bis 45 Minuten backen, bis es goldbraun ist und hohl klingt, wenn man auf die Unterseite klopft.

10. Auf einem Gitter abkühlen lassen.

11. In einem luftdichten Behälter bei Zimmertemperatur aufbewahren.

Würziges Zitrus-Potpourri

Zutaten:

- 6 Orangen
- 2 Zitronen
- 6 Zimtstangen
- 2 EL Gewürznelken
- 12 Sterne Sternanis

Mit einem solchen Potpourri können Sie Ihrem Haus auf natürliche Weise und ganz ohne Chemie einen angenehmen Duft verleihen.

Zubereitung:

1. Orangen und Zitronen in 5 mm dicke Scheiben schneiden und auf die Roste des Dörrapparats geben.

2. 8 bis 12 Stunden bei 57 °C dörren lassen, bis die Scheiben trocken und knusprig sind.

3. Die Scheiben in Viertel brechen und in eine große Schüssel geben. Die Zimtstangen in 2,5 cm große Stücke brechen und dazugeben. Die Nelken und den Sternanis dazugeben und die Schüssel leicht schwenken, damit sich alles gut vermischt.

4. Bis zur Verwendung in einem luftdichten Behälter bei Zimmertemperatur aufbewahren.

Peeling mit Lavendel und Rosen

Zutaten:

- 12 Lavendelblüten
- 6 Rosen
- 450 g Zucker
- 180 ml flüssiges Kokosöl
- 2–3 Tropfen Lavendelöl
- 2–3 Tropfen Rosenöl

In der Parfümerie bezahlen Sie teures Geld für Peelings, und dabei können Sie dieses hier so einfach und schnell selbst herstellen. In ein hübsches Behältnis gefüllt, macht es sich auch prima als Geschenk.

Zubereitung:

1. Die Blüten auf die Roste des Dörrapparats geben – nicht zu dicht, damit die Luft gut zirkulieren kann.

2. 2 bis 4 Stunden bei 46 °C dörren und dabei die Roste ein paar Mal drehen.

3. Zucker, Kokosöl, Lavendel- und Rosenöl in eine große Schüssel geben und gründlich vermischen.

4. Die getrockneten Blüten vorsichtig zerbrechen und in die Zuckermischung geben. Vorsichtig umrühren.

5. In einem luftdichten Behälter bei Zimmertemperatur aufbewahren.

Rezept-Finder

Bezugsquellen für Dörrgeräte

Biosec Dörrgerät
www.biosec.it/de

Dörrex, Stöckli Dörrgerät
www.stockliproducts.com

Rommelsbacher Dörrautomat
www.rommelsbacher.de

Severin Obst-Dörrautomat
www.severin.de

Lakeland
www.lakeland.de

UK Juicers
www.ukjuicers.com

Westfalia
www.westfalia.de

Steba Elektrogeräte
www.steba.de

Klarstein – Chal-Tec GmbH
www.klarstein.com

Bielmeier Hausgeräte
www.bielmeier-hausgeraete.com

Der Verlag Eugen Ulmer ist nicht verantwortlich für die Inhalte der im Buch genannten Websites.

Bibliografische Information der Deutschen Nationalbibliothek:
Die Deutsche Nationalbibliothek verzeichnet diese Publikation in der Deutschen Nationalbibliografie; detaillierte bibliografische Daten sind im Internet über http://dnb.d-nb.de abrufbar.

Die englischsprachige Originalausgabe erschien 2015 unter dem Titel
Keogh, Michelle: Dehydrating at home: getting the best from your dehydrator,
from fruit leathers to meat jerkies. / Michelle Keogh; Paul Nelson, photographer.
© 2015 Quintet Publishing
Publishes by Firefly Books Ltd. 2015

© 2016 Eugen Ulmer KG
Wollgrasweg 41, 70599 Stuttgart (Hohenheim)
E-Mail: info@ulmer.de
Internet: www.ulmer-verlag.de
Übersetzung: Ulrike Strerath-Bolz
Lektorat: Margit Riedmeier
Fotos: Paul Nelson
Umschlagentwurf und Produktion: Verlagsbüro Wais & Partner, Stuttgart, Rainer Maucher
Druck und Bindung: Toppan Leefung Printing Ltd.
Printed in China

ISBN 978-3-8001-0862-6